"十三五"江苏省高等学校重点教材

虚拟现实教学软件开发

胡永斌　编著

科学出版社

北　京

内 容 简 介

本教材是专门针对虚拟现实教学软件开发技术的高等教育教材。随着虚拟现实技术的飞速进步，它势必成为现今及未来课堂教学信息化的关键支柱，为学习者带来丰富的学习体验和沉浸式的学习环境。

本教材以 Unity 引擎为开发工具，分为四篇：基础理论篇、场景构建篇、交互设计篇和高级开发篇。基础理论篇详细阐述了虚拟现实教学软件的特点、分类、教学应用以及学习体验设计的理论基础和原则。场景构建篇重点讲解如何运用 Unity 搭建三维场景、物体、用户界面和动画，涵盖 Unity 的基本操作、常用组件和场景装饰等内容。交互设计篇主要介绍如何借助可视化编程插件 PlayMaker 进行交互设计，包括输入交互、触发交互、UI 交互和空间运动交互等。高级开发篇则深入探讨了沉浸式虚拟现实的硬件和开发技术，重点讲解如何利用 VRTK 插件和 SteamVR 插件进行沉浸式虚拟现实开发。

本教材适用于基础教育、高等教育、职业教育等相关专业的教学和研究，旨在协助广大教师和研究者迅速掌握虚拟现实教学软件的开发技术，推动虚拟现实在教育领域的应用和普及。

图书在版编目（CIP）数据

虚拟现实教学软件开发/胡永斌编著. —北京：科学出版社，2023.10

"十三五"江苏省高等学校重点教材

ISBN 978-7-03-076705-9

Ⅰ. ①虚… Ⅱ. ①胡… Ⅲ. ①计算机辅助教学-教学软件-软件设计-高等学校-教材 Ⅳ. ①G434 ②TP311.5

中国国家版本馆 CIP 数据核字（2023）第 195708 号

责任编辑：任俊红 罗 娟 / 责任校对：郝甜甜

责任印制：赵 博 / 封面设计：无极书装

科 学 出 版 社 出版

北京东黄城根北街 16 号

邮政编码：100717

http://www.sciencep.com

涿州市般润文化传播有限公司印刷

科学出版社发行 各地新华书店经销

*

2023 年 10 月第 一 版 开本：720×1000 1/16

2025 年 2 月第二次印刷 印张：17

字数：343 000

定价：59.00 元

（如有印装质量问题，我社负责调换）

前　言

随着具身认知理论的兴起，人们逐渐认识到学习既不是孤立于中枢过程的信息加工，也不是外部环境条件对行为的机械作用，而是个体最大限度地利用内部心理资源和外部环境条件，实现身体、认知和环境的交互作用，进而实现认知发展的过程。虚拟现实是利用计算机生成的一种高度仿真现实世界的模拟环境，学生通过虚拟现实可以更加深入地了解教学知识，同时也可进行模拟实操，从而取得更好的实操效果和学习体验。尤其是针对教学中"三高"（高危险、高成本、高污染）与"四难"（难看到、难动作、难进入、难再现）问题，虚拟现实能够创设学习情境，带来较强的沉浸感和临场感，让学习者的身体参与到学习过程中，这与具身认知思想不谋而合。

近年来，以 Unity 为代表的虚拟现实开发引擎逐渐普及应用。在全球范围内，Unity 占据虚拟现实开发市场的 40%以上，居全球首位。Unity 具有极强的资源集成功能，拥有丰富的外部资源和插件，特别是其跨平台开发功能，使其生成的资源可以在 20 多种计算平台运行。然而，国内研究者和广大教师对虚拟现实教学软件开发的认识尚处于起步阶段，能够从事虚拟现实软件开发的专门人才较为匮乏，虚拟现实教学应用尚未普及，虚拟现实应用落地的教学模式尚未形成。正是基于这一现状，我们组织撰写本教材，以期为基础教育、高等教育、职业教育等相关专业的建设提供借鉴。

虚拟现实教学软件开发是一门难度较大的课程，涉及的内容比较广泛，对学习者的知识储备和能力要求较高。因此，作者对教材内容的取舍、知识深度的把握和内容结构的编排，都进行了周密的考虑。全书共四篇，分别为基础理论篇、场景构建篇、交互设计篇和高级开发篇。基础理论篇注重介绍虚拟现实的基本概念、类型、现状和学习体验设计；场景构建篇注重介绍如何利用 Unity 进行场景搭建与装饰，用户界面设计和动画系统的应用；交互设计篇主要介绍如何使用可视化编程插件 PlayMaker 进行交互设计；高级开发篇主要介绍如何使用 VRTK 插件和 SteamVR 插件进行沉浸式虚拟现实开发。

本教材的内容曾经对江苏师范大学的教育技术学和数字媒体艺术专业的本科生、研究生讲授过 10 多次，经过多次内容更新和归纳整理，终于完成本教材。本教材的大部分研究案例来自作者以及所指导的研究生、本科生多年来的实践成果。张峰凡、徐双洁、刘亚楠、李彦杰、徐培培、倪清、钱静等在读研究生积极参与了本教材的撰写工作。限于作者的学识和水平，书中难免有不妥之处，还望广大读者批评指正。如果大家在学习过程中需要素材和教学视频，可通过 huyb@jsnu.edu.cn 与作者取得联系。

胡永斌

2022 年 10 月于江苏师范大学

目　　录

第四篇　高级开发篇

第一篇

基础理论篇

数字资源不仅要满足课堂教学的需要，更要满足信息时代育人全过程的需求。国家高度重视数字教育资源建设，要求探索虚拟现实、增强现实、混合现实等新型数字资源的建设思路和开发路径，扩大优质数字资源的有效供给，构建以个性化、智能化教学应用为核心的资源服务体系。

第 1 章

虚拟现实教学软件概述

【学习目标】

1. 了解虚拟现实教学软件的概念
2. 知道虚拟现实教学软件的特征与分类
3. 知道产生虚拟现实教学软件的教学应用

虚拟现实教学软件是指以促进学习为目标，以构建可互动的沉浸式学习环境为手段，能反映一定教学策略的计算机程序。它可以用来传递教学信息、增强人机互动、评价学习结果。本章主要介绍虚拟现实教学软件的特征、分类，以及教学应用等内容。

1.1 特征与分类

虚拟现实（virtual reality，VR）也称为"沉浸式多媒体"或"计算机模拟现实"，被认为是 21 世纪能对人类生活产生深刻影响的重要技术之一。虚拟现实综合运用计算机图形学、人机接口、传感器以及人工智能等多领域成果，目标是提高人机交互的功能，达到真实的视觉、触觉、听觉和嗅觉体验效果。虚拟现实教学软件的开发和应用可追溯到 20 世纪 60 年代，当时主要用于美国军事航空训练。到 20 世纪 80 年代，虚拟现实技术开始应用于飞行员、船长、工程技术人员等职业教育和培训。20 世纪 90 年代开始，虚拟现实逐步从实验室研究转向更广泛的应用，涉及教育培训、军事训练、工程模拟与仿真、医学、商业仿真、商业展演、艺术与娱乐等多个领域。2016 年以后，各大巨头公司纷纷将目光转向虚拟现实技术的开发和推广，虚拟现实技术进入全面发展阶段。2020 年以来，Meta 公司、微软公司等信息技术（information technology，IT）巨头纷纷宣布向世界提供工作、娱乐和社交的元宇宙服务，虚拟现实教学应用进入新阶段。

1.1.1 虚拟现实教学软件的特征

虚拟现实教学软件的应用目标是促进学生进行轻松（easy）、投入（engaged）、有效（efficient）的学习，而能达成此目标是由于它具备 3I 特征，即沉浸性（immersion）、交互性（interaction）和构想性（imagination）。

1. 沉浸性

沉浸性，也称为临场感（presence），是虚拟现实最主要的特征，就是让用户成为并感受到自己是计算机系统所创造环境中的一部分，虚拟现实技术的沉浸性取决于用户的感知系统，当使用者感知到虚拟世界的刺激时，包括触觉、味觉、嗅觉、运动感知等，便会产生思维共鸣，造成心理沉浸，感觉如同进入真实世界。

2. 交互性

交互性是指用户对模拟环境内物体的可操作程度和从环境得到反馈的自然程度，使用者进入虚拟空间，相应的技术让使用者与环境产生相互作用，当使用者进行某种操作时，周围的环境也会做出某种反应。例如，使用者接触到虚拟空间中的物体，那么使用者手上应该能够感受到；如果使用者与物体产生交互动作，那么物体的位置和状态也应相应改变。

3. 构想性

构想性也称想象性，用户在虚拟空间中，可以与周围物体进行互动，可以拓宽认知范围，创造客观世界不存在的场景或不可能发生的环境。构想可以理解为使用者进入虚拟空间，根据自己的感觉与认知能力吸收知识，发散拓宽思维，创立新的概念和环境。

1.1.2 虚拟现实教学软件的分类

一般认为，虚拟现实系统包括沉浸式虚拟现实（immersive VR）、桌面式虚拟现实（desktop VR）和移动式虚拟现实（mobile VR）三种类型。这三种类型的虚拟现实均需要一定的硬件和与之匹配的软件支撑才能协同工作。

1. 沉浸式虚拟现实

沉浸式虚拟现实是指基于头盔式虚拟现实设备（HTC Vive、Oculus、Hololens等）构建起来的具有较强沉浸性的虚拟现实系统。该系统使用手柄、数据手套等输入设备提供瞬移、抓取、发射射线、用户界面（user interface，UI）等交互方式，综合调动用户的视觉、听觉和触觉，让学习者产生一种身临其境的感觉。以此构建的虚拟博物馆、虚拟实验室等教学软件就属于沉浸式虚拟现实教学软件。

2. 桌面式虚拟现实

桌面式虚拟现实是指能够在个人计算机或工作站上运行，用计算机屏幕呈现三维虚拟环境，通过鼠标、手柄等进行交互的虚拟现实系统。该系统能够提供三维空间感和较强的视听感受，但沉浸效果一般。与硬件系统匹配的软件，可以称为桌面式虚拟现实教学软件。有的系统还引入三维（three dimension，3D）立体眼镜、触控笔等外部设备，如 zSpace 系统，也被归入桌面式虚拟现实。以此构建的青蛙解剖软件，就是一款典型的桌面式虚拟现实教学软件。

3. 移动式虚拟现实

移动式虚拟现实是指以手机或平板电脑等移动设备作为运行终端的虚拟现实系统。该系统以移动终端的屏幕作为显示设备和输入设备，能够提供一定的沉浸性，移动特性较为突出。与之相匹配的教学软件，可以称为移动式虚拟现实教学软件，以此构建的在手机或平板电脑上运行的电子书就属于移动式虚拟现实教学软件。

1.2　教　学　应　用

目前，虚拟现实技术在教育领域还处于起步阶段，尚未大规模地引入课堂教学。但是，由于其 3I 特征，在学科教学中将具有广泛的应用前景。从已有的案例来看，虚拟现实可作为探究学习工具、操作练习工具、自主学习工具、教学演示工具和情境创设工具。在实际应用中，这些不同的教学应用之间并不互相排斥，而是可以在同一个虚拟学习环境中结合使用。

1.2.1　作为探究学习工具

在探究学习中，虚拟现实教学软件可以呈现三维场景，随着故事不断发展逐渐出现相关知识内容或者提示性问题，让学生能够在高度仿真的情境中自主探究事物的发展规律。例如，沈阳师范大学开发的"在园幼儿气道异物阻塞急救处理虚拟仿真实验教学项目"（www.ilab-x.com/details?id=3146），呈现了幼儿园的学习情境，随着一名儿童喉咙被食物卡住，软件逐渐出现幼儿急救处理知识或提示性的问题，幼教专业的学生可以利用此情境进行探究性学习，学习保育知识，提升保育能力，如图 1-1 所示。

图 1-1　在园幼儿气道异物阻塞急救处理虚拟仿真实验教学项目

1.2.2　作为操作练习工具

操作练习对于帮助学生巩固新授知识具有重要作用。在传统的教学中，学生经常会对操作练习失去兴趣，将其认为是学习过程中的一个负担。虚拟现实教学软件可以为操作、练习等活动赋予一定的娱教性和情境性，以有效地维持学生的学习动力；同时，还可以实现对练习的及时反馈，为学生及时了解自己的学习情况提供依据。例如，大连理工大学开发的"土体力学性质研究的三轴虚拟仿真实验"（www.ilab-x.com/details?id=3118），土木工程专业的学生可以利用此系统进行操作练习，不仅可以有效地维持学习动力，同时还可以实现及时反馈，如图 1-2 所示。

图 1-2　土体力学性质研究的三轴虚拟仿真实验

1.2.3　作为自主学习工具

自主学习是学生在学习活动中自我决定、自我选择、自我调控、自我评价反思、发展自身主体性的过程，具有能动性、独立性和异步性三个基本特点。自主学习充分尊重学生的个体差异，使学生在了解自身学习基础和学习特点的客观规律基础上，能够开展独立的学习活动，而这种学习活动需要借助必要的学习资源和学习工具。虚拟现实教学软件不仅可以为学生提供不同媒体类型的资源，还可以提供涉及不同层次、不同难度的知识信息，学生在此基础上开展适合自己的学习活动。由南京林业大学开发的"银杏嫩枝扦插育苗虚拟仿真实验"（www.ilab-x.com/details/v4?id=3999）通过仿真技术构建了完整的扦插育苗实验体系，使学生能够突破时空限制，随时开展实验，能够自主学习，提升学习效率，培养科研创新能力，如图 1-3 所示。

图 1-3　银杏嫩枝扦插育苗虚拟仿真实验

1.2.4　作为教学演示工具

虚拟现实教学软件能呈现动画、视频等模拟事物动态的运动发展过程，形象地演示其中某些难以再现的情境。例如，由重庆大学开发的"灾难事件融合报道虚拟仿真实验"（www.ilab-x.com/details?id=2687），将采访报道中不适合学生进入的现场，各种灾难事件如泥石流、火灾和地震等特殊场景，通过虚拟现实技术营造新闻现场，给学生教学演示，让学生在线学习，通过人机互动进行融合报道实验，增加学生的自主体验，提升学生的专业能力，如图 1-4 所示。

图 1-4　灾难事件融合报道虚拟仿真实验

1.2.5 作为情境创设工具

虚拟现实教学软件作为情境创设工具，其极大优势体现在：通过虚拟现实教学软件来呈现社会、文化、自然景观等，可激发学生的学习兴趣、提高观察和思考能力；利用技术手段设置的问题情境引起思考和探索，培养学生发现问题、解决问题的能力；通过虚拟现实技术创设的虚拟实验环境，让学生在虚拟实验环境中实际操作、观察现象、读取数据、科学分析，培养学生的科学研究能力。中国劳动关系学院开发的"北京中轴线文化旅游虚拟仿真实验教学系统"（http://www.ilab-x.com/details/v5?id=4269），对北京中轴线已消失的景观和不可移动的文化遗产进行虚拟场景建设，还原教学场景的原真性，形象地展示城市历史文化的全演变过程，使学生掌握中轴线申遗的构成要素，增强文化自信，设计遗产区和缓冲区的文化景观旅游线路，增强保护文化遗产意识，提升学生的辨别能力、思维能力、设计和创新能力，如图1-5所示。

图1-5　北京中轴线文化旅游虚拟仿真实验教学系统

本章小结

本章是全书最基础的一个部分。通过对本章的学习，读者可对虚拟现实教学软件的概念有一定的了解，并掌握虚拟现实教学软件的特征、分类、教学应用等，为后面章节的学习做好铺垫。

思考与实践

思考：

1. 什么是虚拟现实教学软件？

2. 虚拟现实教学软件有哪些特征？

3. 虚拟现实教学软件有哪些类型？

4. 虚拟现实教学软件的教学应用有哪些?

实践:

1. 在互联网上查找面向学前教育、基础教育、高等教育的虚拟现实教学软件各一个,说明其设计思路。

2. 登录"实验空间: 国家虚拟仿真实验教学课程共享平台"(www.ilab-x.com),浏览至少两个虚拟仿真实验项目,并说明其实验原理和设计思路。

第2章

虚拟现实教学软件的学习体验设计

【学习目标】

1. 理解虚拟现实教学软件的理论基础
2. 描述虚拟现实教学软件的设计原则
3. 了解虚拟现实教学软件学习体验的设计层次和流程

源于信息时代教学设计的实践诉求，学习体验设计这一领域正受到越来越多的关注。基于虚拟现实技术的教学软件设计也需深刻考虑学习体验设计。本章首先介绍虚拟现实教学软件设计的理论基础，然后介绍虚拟现实教学软件的设计原则，最后介绍学习体验设计方法、层次和流程。

2.1 理 论 基 础

2.1.1 具身认知理论

具身认知（embodied cognition）理论是心理学中一个新兴的研究领域。具身认知理论主张身体的知觉是行为产生的基础，身体的物理属性、状态及其感知运动经验会改变认知，认知是具体的个体在实时的环境中产生的。具身认知理论基于对传统"身-心"二元认知观的批判，认为认知的形成是大脑、身体与环境间相互作用的结果。身体的感觉运动系统、形态结构和经历体验等都将影响认知的形成与发展。

瓦雷拉（Varela）等对"具身"一词进行了如下阐述：第一，认知依赖于经验的种类，这些经验来自具有各种感知运动的身体；第二，这些个体的感知运动能力自身含在一个更广泛的生物、心理和文化情境中。具身认知理论强调身体参与认知过程、身体与环境的具身交互等，因而在认知形成过程中要注重置身情境、身体感知与动态交互过程。虚拟现实能够让学习者置身于更为广阔的社会文化情境中，充分调动身体感觉运动系统与环境世界进行具身交互，以更好地促进学习者认知的形成。

2.1.2 情境学习理论

情境学习（situated learning）是由美国加利福尼亚大学伯克利分校的莱夫（Jean Lave）教授和独立研究者温格（Etienne Wenger）于 1990 年前后提出的一种学习方式。情境学习理论认为情境学习发生在社会中，触发于个体实践，同时是综合要素互动的过程。基于情境学习理论模式的教学资源能够满足教学在模拟的或真实的情境中展开，使学生在复杂境脉下通过实践与合作建构知识意义。

情境学习理论强调，学习不仅仅是一个个体在心理层面上构建意义的过程，更重要的是一个社会性的、实践性的、以多样资源为中介的参与过程。知识的意义、学习者的意识和角色都是在学习者与学习环境的互动以及学习者之间的互动中产生的。因此，创造学习情境的目标在于将学习者的身份认同、丰富的生活经验以及认知任务重新融入真实且综合的状态中，从而解决传统学校教育中脱离自我和情境的问题。

2.1.3 体验式学习理论

体验式学习（experiential learning）理论由美国社会心理学家、教育家库伯（David A. Kolb）整合杜威、罗杰斯等的教育思想后提出的，其提出的最著名的理论成果便是"体验式学习循环模式"。库伯认为，体验式学习包括具体经验、反思性观察、抽象概念化、主动实践四个阶段（图 2-1）。学习是一个不断产生经验以及改造经验的过程，学习者可以在学习的过程中通过自身的体验掌握一些具体的经验，并且对所获得的经验进行自我反思和自我观察，使经验实施于具体的实践中，进而实现具体的学习，且这四个阶段以螺旋式上升的方式作用于人的学习过程。

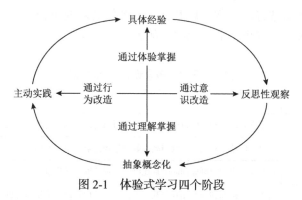

图 2-1 体验式学习四个阶段

虚拟现实教学软件要构建面向真实情境的体验式环境，让学生在具体的学习场景中体验知识点，获得具体经验，并通过不断地反思观察三维模型，再联系具体实践经验，充分理解知识点。这就要求学习者要通过实践来认识周围事物，真正成为课堂的主角。教师不再是一味地单方面地传授知识，更重要的是利用那些可视、可听、可感的教学媒体努力为学生做好体验开始前的准备工作，让学生产生一种渴望学习的冲动，自愿全身心地投入学习中，在亲身体验的过程中掌握知识。生活中任何有刺激性的体验，如蹦极，被倒挂在空中飞速腾跃时所拥有的惊心动魄的体验都是终生难忘的。同理，体验式学习也会给语言学习者带来新的感觉和新的刺激，从而加深学习者的记忆和理解。

2.1.4 多媒体学习认知理论

多媒体学习认知理论由美国著名心理学家迈耶（Richard E. Mayer）提出。他认为多媒体的设计原则应该与人类加工信息的方式一致，多媒体信息的设计常常受到设计者对人类大脑工作方式认知的影响。他根据认知理论提出了三大假设（双通道假设、容量有限假设、主动加工假设）和多媒体信息加工的认知理论模型，如图 2-2 所示。

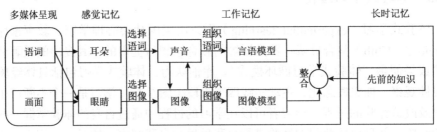

图 2-2 多媒体学习认知理论模型

多媒体学习共包括五个步骤：选择相关的语词、选择相关的图像、组织所选择的语词、组织所选择的图像，以及文字与图像的双向整合。对于多媒体教学信息如何设计，迈耶等提出了七项原则，如表 2-1 所示。

表 2-1 多媒体教学设计的七项原则

多媒体教学原则	内容
多媒体认知原则	学生学习语词和画面组成的信息比学习只有语词的信息呈现的效果更好
空间接近原则	书页或屏幕上对应的语词与画面邻近呈现比隔开呈现能够使学生学得更好
时间接近原则	相对应的语词与画面同时呈现比继时呈现能够使学生学得更好
一致性原则	当语词、画面和声音相互关联，不包含无关信息时，学生学得更好

续表

多媒体教学原则	内容
通道原则	相比由动画和屏幕文本组成的呈现，动画解说组成的呈现能使学生学得更好
冗余原则	学生学习动画和解说组成的材料比学习动画、解说和屏幕文本组成的材料促进学习的效果更好
个体差异原则	设计效果对于知识水平低的学习者要强于对知识水平高的学习者，对空间感知能力高的学习者要好于对空间感知能力低的学习者

对于虚拟现实教学软件多媒体的设计上也应遵循上述七项原则。结合相关联的语词和画面，使两者邻近、同时呈现；多应用动画讲解，除去多余信息；针对不同的学习者设计与应用要有所区别。

2.2　设　计　原　则

应用虚拟现实教学软件，可将真实情境中无法显示观测的物体、难以把控的教学实验进行仿真模拟，使学习者沉浸于逼真的学习环境中，自行探索抽象的、情境化的学习内容。应用增强现实或虚拟现实技术开发的教学软件，在设计过程中都需遵循三个原则：沉浸体验、具身交互、多元感知。

2.2.1　沉浸体验

沉浸体验是指人们注意力集中地从事某项活动时，过滤掉所有不相关的知觉，能全身心地投入情境当中，即进入沉浸状态。沉浸体验是一种正向的、积极的心理体验，它会给参与活动的个体带来极大的乐趣，使个体能够重复地进行同样的活动而不感到厌倦。在虚拟现实教学软件的设计中，要努力营造轻松的视听感受、逼真的场景模型、易读的界面设计和舒适的操控感，提高学习者的沉浸体验。

2.2.2　具身交互

具身交互是一种人机交互设计方法，它强调将人的身体经验、感知能力和社会背景融入交互设计中，以实现更自然、直观和沉浸式的用户体验。"具身"强调人的知觉和认知都是以身体为基础展开的，通过身体与工具、环境以及社会中的个体进行交互，可以实现有意义的获取和创造。具身交互会引发个体多维度（如感知、情绪、动觉、认知等）的体验。因此，在虚拟现实教学软件的设计中，增加体感交互、手势交互等技术，可以提高学习者"具身"的参与度，从个体实践感知中主动获得和加工知识。

2.2.3 多元感知

多元感知是指人脑对直接作用于多种感觉器官的当前客观事物个别属性的反应。多元感知完全体现具身认知理论中"身体-认知-情境"三位一体的重要性，通过应用高质量的学习软件，充分调动学习者的触觉、听觉、视觉等感觉器官，从而在大脑中形成个人认知，提高自身的学习质量。因此，在虚拟现实教学软件的设计过程中，要充分考虑软件界面、音效等设计因素，对桌面式、移动式和沉浸式三种虚拟现实教学软件重点突出其感知体验和交互优势，营造多感官的真实体验感，提高学习者的参与感和互动感。

2.3 虚拟现实学习体验设计

2.3.1 学习体验设计的方法

虚拟现实教学软件的设计方法有很多，ADDIE 模型便是最简单通用的一种教学设计方法。其包括五个阶段：analysis（分析）、design（设计）、develop（开发）、implement（实施）和 evaluate（评价）。以 ADDIE 模型对虚拟现实教学软件进行设计，需要遵循五个阶段要素之间的关联性。在这五个阶段中，分析和设计是教学软件能够科学开发的前提，开发和实施是教学软件得以有序运行的核心，而评价为鉴定教学软件开发成果的重要保证，几者相互影响，密不可分。ADDIE 模型的框架如图 2-3 所示。

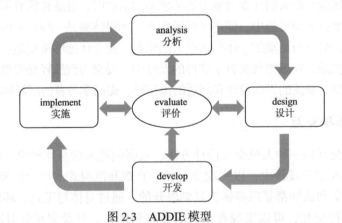

图 2-3 ADDIE 模型

ADDIE 模型主要是基于教学设计的方法，并且这种设计方法在一定程度上忽视了学习者的学习体验，因此 ADDIE 模型作为虚拟现实教学软件的主要设计方法仍需考量。

随着各学段、各学科国家课程方案和课程标准的发布，新课标在多学科、多学段中都指出：学生在参与特定的教学活动时，要在具体情境中认识学习对象，获得学习体验感。学习体验是指学习者对学习环境、学习活动和学习支持服务等学习过程中涉及的诸多教学要素的感知、反应和行为表现。学习体验既是一种过程，也是一种结果。注重学习者的学习体验，强调学生的亲历性和实践性，关注学生在学习过程中的情感、行为、态度等方面的感受与体验，能有效激发学生学习的积极性，在学习体验中感受学习的乐趣，从而体现以人为本的教学目标。

因此，基于学习体验的设计方法近年来引发了国内外学者的广泛探讨。理解学习体验的设计方法需要理解学习体验设计的概念框架。安德烈·普劳特（Andre Plaut）基于用户体验的经典层次模型，针对学习体验设计，完善并形成了学习体验设计框架，如图 2-4 所示。该框架主要包括：①策略层，其作用在于鉴别学习者及其所属机构的学习需求和教学目标；②需求层，是基于策略层的目标，准确定义学习体验所需的内容及逻辑，以实现相应教学目标；③结构层，是通过聚集最适合学习者的各类要素，形成学习者的学习体验；④交互层，用于定义学习者在实际中与内容的互动方式，如各类活动、讲座、测评等；⑤感觉层，构成了学习体验的表象和感觉，同时包括相应的材料及交流。

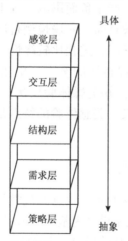

图 2-4　基于经典用户体验模型的学习体验设计框架

此外，不同于经典的用户体验模型，帕特里克·帕里什（Patrick Parrish）等提出了学习体验设计层次框架，他们将学习者的学习体验设计分为无意识、强迫例行、未完成活动、愉悦例行、挑战努力、美感体验六个层次，并提出这一体验层次受情境品质和个体品质的影响，情境上呈现出一致性、共鸣、强制性、延展性、即时性等特点，如图 2-5 所示。

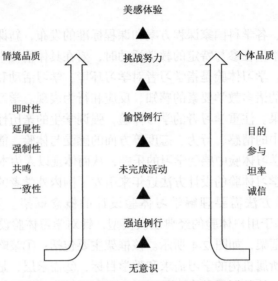

图 2-5 帕里什等提出的学习体验设计层次框架

图 2-5 所示的各层次具体特征如下：①无意识层次，学习没有发生，学习者也没有获得相应的价值和结果；②强迫例行层次，强迫发生的学习，学习者个人投入较少，会对后续学习产生负面影响；③未完成活动层次，学习者个人投入学习，但是其学习过程被打断；④愉悦例行层次，学习者投入较多的例行活动，能够产生持久价值的学习，进程比较缓慢；⑤挑战努力层次，学习者乐于在学习中接受挑战并付之以持续的努力，更注重长期持续的回报，其往往沉浸于学习所带来的思考中；⑥美感体验层次，学习体验的最高水平，学习者能够主动从学习中获得意义，美感体验的特点是以期待和积极参与的方式进行学习。

2.3.2 学习体验设计的层次

学习体验设计的诞生和发展源自信息时代教学设计的实践诉求。普劳特认为，传统教学产品的设计以教学设计为基础，忽视了学习者的学习体验；在学习体验设计层面，应跳出课程设计的局限，考虑学习者的整个学习经历。因此，本书以经典用户体验模型的学习体验设计框架为参考，并结合虚拟现实、增强现实技术特点，提出教学软件"五层次-八步骤"的学习体验设计流程，如图 2-6 所示。"五层次"具体包括策略层、需求层、结构层、交互层和感觉层；"八步骤"具体包括学习者分析、教材内容分析、目标设定、内容设计、模块设计、媒体设计、交互设计和学习体验评估。

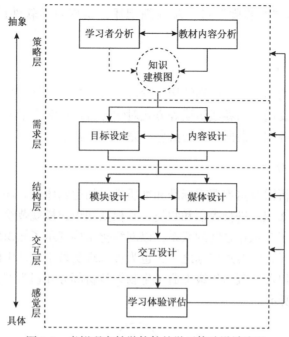

图 2-6 虚拟现实教学软件的学习体验设计流程

虚拟现实教学软件的学习体验设计从抽象到具体共有五个层次，分析层次间的逻辑关系可以厘清不同抽象层次的意义。

（1）策略层。设计者需要明确教材重难点知识及内容组成结构、学习者的认知结构和学习风格等，形成知识建模图，该层的主要目标是制定相关策略，为后续设计提供基础。

（2）需求层。设计者需要制定准确的学习目标及确定教学软件中具体的学习内容，把握知识点间的内在逻辑，精心设计虚拟现实教学软件的学习目标及学习内容。

（3）结构层。设计者需要进行模块设计以确定模块的逻辑结构，还需要进行媒体设计，确定媒体的呈现形式。

（4）交互层。设计者需要确定教学软件中的互动对象，定义互动方式和互动逻辑，然后完成代码编写，实现信息交互功能。

（5）感觉层。感觉层构成了学习者体验虚拟现实教学软件的表象及感觉。在教学软件原型产品开发完成后，需要进行学习体验评估和反馈，根据反馈结果进一步修订和优化。

2.3.3 学习体验设计的流程

在学习体验设计框架"五层次"的基础上，对虚拟现实教学软件的学习体验设计流程的"八步骤"进一步详细阐述，实现教学软件设计与开发的可操作性。

1. 学习者分析

不同年龄段的学习者在认知结构、学习动机、学习风格、知识基础等方面存在差异，这就需要通过问卷或访谈等方式对学习者进行深入了解，也需要对教学名师进行采访或咨询，根据反馈的信息，完善学习者分析。

2. 教学内容分析

教学内容分析需要熟悉课程标准和纸质教材的逻辑体系，仔细阅读教材及其他相关材料，对知识点进行提取和归类，并根据知识建模规范绘制知识建模图。知识建模图强调了知识点之间的联系，以网络化结构展示了知识的从属关系，其被认作教育系统设计的客观依据之一，也为虚拟现实教学软件中模块内容的设计提供了参照。如以苏科版八年级上册《生物》教材部分知识为例，制作了知识建模图，如图 2-7 所示。

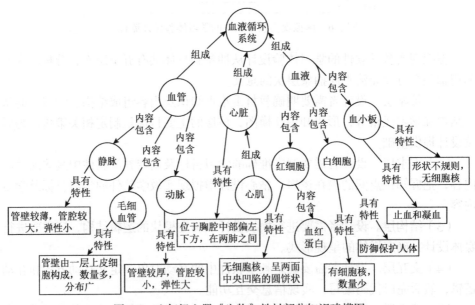

图 2-7　八年级上册《生物》教材部分知识建模图

3. 目标设定

学习目标为学习者明确了学习方向。对教材内容及学习者分析后，应从各课程的核心素养出发，结合技术特性，制定科学、高效的学习目标。

4. 内容设计

根据前期生成的知识建模图，并在已设定的学习目标下，选择重难点知识内容、确定内容呈现的先后顺序和呈现形式等，为模块、媒体设计提供依据。

5. 模块设计

对知识点内容划分章节模块，并设计模块的具体功能（如笔记记录、问题讨论等）。

6. 媒体设计

在需求分析和内容设计的基础上，结合模块设计，奠定教学软件的整体基调，并对软件中的元素（图形界面、三维模型、媒体信息等）进行设计，合理安排信息布局，符合用户视觉表达。在对媒体元素的设计开发过程中，立体化的虚拟模型十分重要。

7. 交互设计

根据内容、媒体、模块的关系，确定交互对象、交互关系和交互逻辑，选择合适的虚拟现实教学软件开发平台和计算机语言实现交互功能，通过不断迭代开发出成具备良好学习体验的教学软件。

8. 学习体验评估

该部分包括两方面的内容：一是功能测试，即测试虚拟现实教学软件的所有功能是否全部实现；二是感觉体验反馈，此过程需要邀请专家、教师和学生提供反馈评价意见。之后，依据反馈结果，迭代循环、迭代修订，直至完成虚拟现实教学软件的开发。

本章小结

虚拟现实教学软件的学习体验设计是设计和开发高质量教学软件的前提条件。通过本章的学习，可对影响虚拟现实教学软件设计的理论有一定的认识，对一般性设计原则有一定了解。在学习完虚拟现实教学软件的学习体验设计层次和流程后，对如何准确设计开发软件有更清楚的认识。

思考与实践

思考：

1. 请简述虚拟现实教学软件设计的理论基础。

2. 虚拟现实教学软件的设计原则有哪些，在设计软件时如何体现这些理论。

3. 简述安德烈·普劳特（Andre Plaut）基于用户体验的经典层次模型。

实践：

1. 根据虚拟现实教学软件的学习体验设计的"五层次-八步骤"，设计一个虚拟现实教学软件，并详述该软件的设计流程。

第二篇

场景构建篇

第二章

　　在虚拟现实教学软件中，优秀的学习场景可为学习者提供关于视觉、听觉、触觉等感官的模拟，让学习者具有身临其境的沉浸感。场景构建是除角色以外一切对象的造型构建，是烘托气氛和塑造作品画面风格的关键创作环节。场景构建包含场景中的对象建模，渲染画面色彩，材质贴图纹理的变化，添加不同灯光调节出白天、黑夜、季节等不同环境效果。

第 3 章

Unity 基础

【学习目标】

1. 了解 Unity 的发展简史和开发优势
2. 学会下载和安装 Unity 软件
3. 熟悉 Unity 的编辑器界面
4. 掌握 Unity 常用的快捷键

虚拟现实教学软件的开发离不开高效的开发工具。本章从 Unity 的发展简史和开发优势讲起，然后介绍编辑界面的工作视图和常用工具栏，希望读者能够了解 Unity 软件，并能快速上手。

3.1 Unity 简介

Unity 是一款专业的虚拟现实开发引擎，由美国 Unity Technologies 公司发行。Unity 早期主要用于游戏开发，但是近年来该软件的用途已经从游戏开发逐步走向虚拟现实、增强现实以及混合现实的开发。在教育领域，Unity 可以开发多媒体教学软件、虚拟现实教学软件、增强现实教学软件、混合现实教学软件等，开发成果可以发布成跨平台的资源类型，在教育领域拥有巨大的价值和意义。

3.1.1 发展简史

Unity 自诞生至今，经历了近二十年的发展，已逐步成长为全球开发者普遍使用的游戏开发引擎，开发人员的迅猛增长使得 Unity 更加炙手可热。早期的

Unity 每年都会有大版本更新，2016 年以后的版本以年份为版本名称，每月都会有新的版本推出。Unity 发展进程中的典型事件如下。

2005 年，在丹麦哥本哈根，Joachim Ante、Nicholas Francis 和 David Helgason 发布了 Unity 1.0。

2007 年，Unity 2.0 发布。新增了地形引擎、实时动态阴影，支持 DirectX 9 并具有内置网络多人联机功能。

2009 年，Unity 2.5 发布。Unity 实现了真正意义上的跨平台使用。很多国内用户就是从该版本开始了解和接触 Unity 的。

2010 年，Unity 3.0 发布。添加了对 Android 平台的支持。

2012 年，上海分公司成立，Unity 正式进军中国市场。同年，Unity 4.0 发布。

2013 年，Unity 不再支持 Flash 平台，且不再销售针对 Flash 开发者的软件授权。

2015 年，Unity 5.0 发布，同时还发布了 Unity Cloud Build，这使得开发者能够通过云计算更有效率地进行游戏和应用的开发。

2016 年，Unity 5.4 版本开始支持原生虚拟现实游戏和应用开发，走在了同类型商业引擎的前列。随后，Unity 每年都会更新一个相应的版本。

2020 年，Unity 宣布收购加拿大技术服务公司 Finger Food，拓展工业应用版图。

2021 年，Unity 宣布正式收购 Weta Digital，该工具将为实现新一代实时 3D 创意内容和塑造元宇宙的未来提供极大帮助。

2022 年，Unity 宣布收购虚拟科技特效公司 Ziva Dynamics，大力推动 Unity 工具在虚拟人和生物领域的发展。

3.1.2　开发优势

1. 极强的资源集成功能

Unity 具有极强的资源集成功能，不仅支持音频、视频、图片、动画等类型，还支持 2D、3D 模型的导入。所支持的格式也很丰富，如最常见的图像文件类型 BMP、TIF、TGA、JPG 和 PSD 等。Unity 支持 FBX 文件格式，也支持本机导入 SketchUp 文件，还可以使用原生格式，如"*.max"、"*.blend"、"*.mb"和"*.ma"。

2. 跨平台发布

在 Unity 中完成的作品可以在多种主流平台发布，例如，发布至手机（Android、iPhone、Windows Phone）、个人计算机（personal computer，PC）

（Windows、Mac、Linux）、游戏机（Wii、PS4）及网页（基于任意主流浏览器）。

3. 丰富的外部资源和插件

Unity 的 Asset Store（assetstore.unity.com）是 Unity 官方组建的一个资源商店，有大量优质的艺术家与开发者提供的成千上万个免费或收费资源，可为 Unity 创作者节省时间和精力。Unity 资源商店主要类别包括 2D 资源、3D 模型插件、音频资源、模板、粒子资源等。

3.1.3 下载和安装

Unity 分别针对 Windows 和 MacOS X 平台发布了两种类型的安装包。用户可以根据自己的计算机平台使用相对应的安装编辑器。考虑到大多数人使用的还是 Windows 系统，下面以 Windows 系统介绍 Unity 安装过程。

1. 下载和安装 Unity Hub

Unity Hub 是 Unity 官方的版本管理软件，不仅可以添加或删除 Unity 软件，还可以管理 Unity 项目。打开 Unity 官方的下载页面（https://unity.cn/releases）登录后，单击"从 Hub 下载"下载 Unity Hub 并安装，如图 3-1 所示。

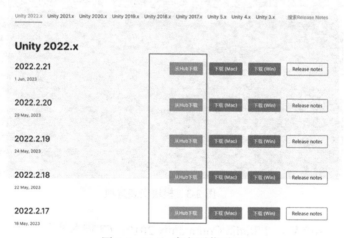

图 3-1　Unity 官方下载页面

2. 下载和安装 Unity 软件

打开 Unity Hub，单击左上角"登录"按钮，注册登录。然后，先单击左侧导航栏中的"安装"，在安装界面中单击右上角"安装"按钮，弹出"添加 Unity 版本"对话框，如图 3-2 所示选择 Unity 版本，单击"下一步"按钮。

图 3-2　选择 Unity 版本

在弹出的对话框中，具体选项如图 3-3 所示。

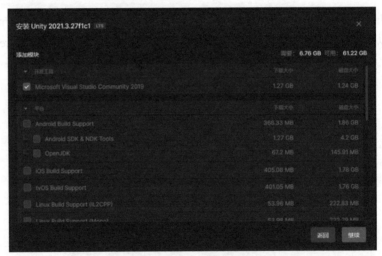

图 3-3　模块安装选项

（1）Microsoft Visual Studio Community 2019：C#脚本编写工具。

（2）Android Build Support：用于将作品发布成安卓版本 APK 的支持模块。

（3）iOS Build Support：用于将作品发布成 iPhone 或 iPad 使用的应用程序的支持模块。

（4）Linux Build Support（IL2CPP）和 Linux Build Supoport（Mono）：用于将作品发布成 Linux 使用的应用程序的支持模块。

（5）Mac Build Support（Mono）：支持发布到苹果机使用的应用程序的支持

模块。

（6）WebGL Build Support：用于发布作品在网页端的工具包。

（7）Documentation：Unity 内置的用户手册和脚本参考文件。

（8）Language Packs：选择"简体中文"，则为软件提供简体中文包。

单击"完成"按钮后，Unity Hub 将自动下载相关模块。

3. 创建新项目

安装完成后，选择 Unity Hub 左侧"项目"选项，跳转到项目界面。单击右侧"新建"按钮，弹出"创建新项目"对话框，选择 3D，修改"项目名称"和存储"位置"，单击"创建项目"按钮，一个新的项目就创建好了，如图 3-4 所示。

图 3-4　创建新项目

提示：

项目类型包括 2D、3D、2D(URP)、Runner Game 等，初学者一般选择 2D 或 3D。

4. 设置中文界面

Unity 官方提供了"简体中文"的软件界面设置。打开新建项目，选择菜单栏 Edit 菜单中的 Preferences（"首选项"）选项，打开 Preferences 窗口，选择 Languages 选项，在右侧 Editor Language 下拉列表框中选择"简体中文（Experimental）"选项，如图 3-5 所示。这样，软件界面就是中文效果了。若有部分显示不出来，可以尝试重启 Unity。

图 3-5 Preferences（"首选项"）设置

3.2 编辑器界面

3.2.1 工作视图

Unity 提供了灵活的工作布局（Layout），也内置了 Default（默认）、4 Split（4 分割）、Tall（高）和 Wide（宽）等多种布局。推荐使用 Tall 布局，如图 3-6 所示。接下来，将介绍 Unity 中最常用的几个窗口："场景"（Scene）窗口、"游戏"（Game）窗口、"层级"（Hierarchy）窗口、"项目"（Project）窗口、"检查器"（Inspector）窗口等。

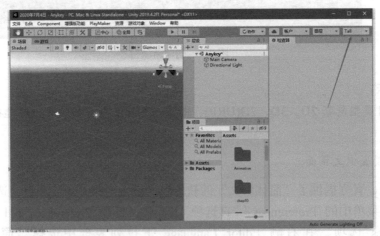

图 3-6 Tall 布局

1．"场景"窗口

"场景"窗口是用来编辑项目中游戏对象（Game Object）的窗口。"场景"

窗口可用来选择和定位 3D 物体、角色、摄像机、灯光以及所有类型的游戏对象。在"场景"窗口中可以选择和移动游戏对象，方便高效地观察游戏对象的位置，如图 3-7 所示。

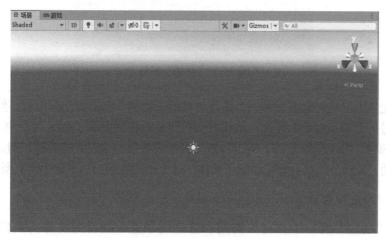

图 3-7　"场景"窗口

在"场景"窗口的右上角，有一个场景辅助线框，显示了当前查看场景的视角方向，且可以通过单击它快速改变查看场景的视角。场景辅助线框图标的每个面都有一个柄，红、绿、蓝三种颜色的柄分别代表 X 轴、Y 轴、Z 轴。单击任意一个轴可以让视角立即旋转到该角度，分别得到顶视图、前视图和左视图。此外，还可以右击它选择一些其他的预置角度，也可以在这里切换透视摄像机和正交摄像机。具体方法是单击场景辅助线框中间的立方体，或者单击立方体下方的文字。

2．"游戏"窗口

"游戏"窗口是项目运行时实际呈现的画面，它所渲染的画面是从场景中的摄像机获得的。初始场景中只有一个 Main Camera（主相机），所以通常显示的是它所拍摄到的画面。通常用工具栏中的"开始"、"暂停"、"步骤运行"按钮控制运行。

3．"层级"窗口

"层级"窗口能够显示当前场景中所有游戏对象及其关系，如图 3-8 所示。任何新建或者删除游戏对象的操作都会在"层级"窗口中反映出来。默认情况下，"层级"窗口中的顺序是游戏对象被创建的顺序，但是这个顺序是可以任意改变的，通过拖动操作即可实现。"层级"窗口可以表示游戏对象的父子（Parent-Child）关系，这也是"层级"窗口名称的由来。

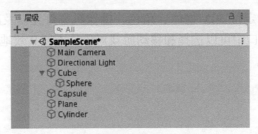

图 3-8 "层级"窗口

要让一个游戏对象成为另一个游戏对象的子物体，只需要先选中它，然后将它拖动到另一个游戏对象上即可，拖动时会有明显的线框指示。在图 3-8 中，Sphere（球体）就是 Cube（立方体）的子物体。父子关系是一个很大的话题，例如，父物体的移动、旋转、缩放会直接影响子物体。这个话题在后面的案例中会有所涉及。

4. "项目"窗口

在"项目"窗口中，可以访问和管理属于这个项目的文件夹及资源，如图 3-9 所示。

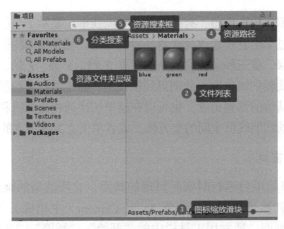

图 3-9 "项目"窗口

（1）区域①以树状结构展示了项目文件的目录结构，它类似于 Windows 操作系统的"资源管理器"。当选中左边的任何一个文件夹以后，区域②就会显示文件夹内容。在区域①中单击文件夹左边的小三角形可以展开或隐藏下一级文件夹，还可以按住 Alt 键来递归展开或隐藏所有的子文件夹。

（2）区域②用于显示当前文件夹的资源文件。每一项资源都会以图标的形式展示出来，图标通常代表资源的类型（脚本、材质、子文件夹等）。

（3）区域③的滑块可以用来调整文件图标的大小。

（4）区域④用于显示资源路径。

（5）区域⑤提供搜索功能。如果项目文件较多，则可以使用该功能。它不仅可以搜索项目内的工程，还可以搜索资源商店里的工程。

（6）区域⑥可以对 Materials、Models 和 Prefabs 提供分类搜索。

提示： 在区域①资源文件夹层级区域，通常需要在项目建成后，建立 Audios、Materials、Prefabs、Textures、Videos 等文件夹存放相关资源文件。

5. "检查器"窗口

Unity 场景里的游戏对象可能包含脚本、声音、模型等多个组件。"检查器"窗口显示了当前选中游戏对象的细节信息，包括它所挂载的所有组件，并且可以在"检查器"窗口中修改这些属性。"检查器"窗口如图 3-10 所示。

图 3-10　"检查器"窗口

"检查器"窗口可以添加组件，单击下方的"添加组件"（Add Component）按钮后会出现一个显示各种组件的选择框。图 3-11 是为游戏对象"添加组件"的选择框。删除组件则需要右击"检查器"窗口对应组件名称，弹出组件快捷菜单，选择"移除组件"选项即可，如图 3-12 所示。

图 3-11　"添加组件"选择框

图 3-12　组件快捷菜单

3.2.2 常用工具

工具栏主要有五个工具，分别是手形工具、移动工具、旋转工具、缩放工具和矩形工具，如图 3-13 所示。

图 3-13　工具栏

1. 手形工具（Q）

手形工具用于平移场景，快捷键为 Q，如图 3-14 所示。当鼠标变为手形时，按住鼠标左键移动鼠标可以调整观察游戏对象的视角，这并非改变游戏对象的位置或旋转。

图 3-14　手形工具

2. 移动工具（W）

移动工具可用于修改游戏对象的坐标，快捷键为 W。在场景中，红、绿、蓝箭头分别代表 X 轴、Y 轴、Z 轴，如图 3-15 所示，它既可以分别拖动三个独立的箭头来修改游戏对象在 X 轴、Y 轴、Z 轴的位置，也可以拖动三个箭头两两之间的小平面来让游戏对象在该平面上移动。

图 3-15　移动工具

3. 旋转工具（E）

旋转工具用于移动游戏对象的选择角度，在场景中用红、绿、蓝三种颜色的圆形曲线来表示，快捷键为 E，如图 3-16 所示。选中旋转工具后，就可以拖动窗口中游戏对象中间表示旋转的圆形。和移动一样，旋转轴也表示为红、绿、蓝三种颜色的曲线，X 轴、Y 轴、Z 轴分别与之对应，表示以三个轴为中心进行旋转。

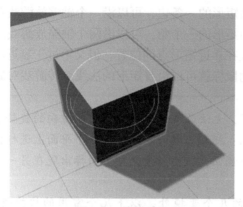

图 3-16　旋转工具

4. 缩放工具（R）

缩放工具可用来对游戏对象进行缩放，快捷键为 R。它可以同时沿 X 轴、Y 轴、Z 轴缩放，也可以只沿一个方向缩放，如图 3-17 所示。具体的操作方法可以尝试拖动红、绿、蓝三种颜色的轴或者中间白色的方块。需要特别注意的是，由于 Unity 的游戏对象具有层级关系，父物体的缩放会影响子物体的缩放。因此，不等比缩放可能会让子物体处于一个奇怪的状态。

图 3-17　缩放工具

5. 矩形工具（T）

矩形工具通常用来给 2D 元素（如精灵和用户界面（UI）元素）定位，在给 3D 物体定位时，它也是有用的。它把旋转、位移、缩放的操作统一为一种图标。

（1）在矩形范围内单击并拖动，可以让游戏对象在该矩形的平面上移动。

（2）单击并拖动矩形的一条边，可以沿一个轴缩放游戏对象。

（3）单击并拖动矩形的一个角，可以沿两个轴缩放游戏对象。

（4）当把光标放在靠近矩形点的位置，但又不过于靠近时，光标会变成可旋转的标识，这时拖动鼠标就可以沿着矩形的法线旋转游戏对象。

提示：

1. 在 2D 模式下，无法改变游戏对象沿 Z 轴方向的旋转、位移和缩放，这种限制其实是很有用的：矩形工具一次只能在一个平面上进行操作，将场景视图的当前视角转到另一个侧面，就可以看到矩形图标出现在另一个方向，这时就可以操作另一个平面。

2. 除以上介绍的几个变换外，以下几个常用的快捷键可以实现更快捷的操作。

（1）Alt+鼠标左键：调整视图。

（2）鼠标滚轮：缩放视图。

（3）F 键：聚焦于当前对象。

（4）Delete 键：删除对象。

（5）单击 Main Camera，按住 Ctrl+Shift+F 键：调整摄像机拍摄方向。

（6）Ctrl+D 键：复制对象。

（7）Ctrl+Shift+N 键：创建一个空的游戏对象。

（8）Ctrl+Shift+S 键：场景另存为。

（9）Alt+Shift+N 键：创建一个空的子物体。

（10）Ctrl+N 键：新建场景。

（11）Ctrl+Alt+F 键：移动游戏对象到视图的中心点。

（12）Ctrl+P 键：播放按钮（播放/运行），对游戏场景进行预览。

（13）Ctrl+Shift+P 键：暂停按钮（暂停/中断），停止预览。

本章小结

本章主要介绍 Unity 软件的基础知识和基本操作。Unity 软件的基础知识包括其发展简史、开发优势、工作视图，基础操作包括下载和安装 Unity Hub，利用 Unity Hub 下载 Unity 软件、创建新项目、设置软件语言，以及使用常用工具

栏的五种工具进行游戏对象的操作。相信学完本章之后，读者已经安装好 Unity
引擎，并且已经对它的操作有所了解了。

思考与实践

思考：

1. Unity 在教育领域有何开发优势？
2. Unity 的工作视图包括哪些窗口？

实践：

1. 使用 Unity Hub 下载并安装 Unity 最新版本。
2. 学会设置 Unity 的中文/英文显示语言。
3. 尝试新建一个 3D 项目，了解项目中的文件存储结构。
4. 尝试使用 Unity 的常用工具及其快捷键。

第 4 章

3D 物体和场景搭建

1. 学会使用 Unity 搭建复杂 3D 物体
2. 学会导入外部资源到 Unity 项目
3. 学会从 Unity 中导出资源
4. 学会添加和设置天空盒子
5. 学会 Unity 项目的打包发布

Unity 开发离不开教学场景和角色人物。使用 Unity 中自带的内置 3D 物体可以简单地搭建一个简易的场景和拼装出简易的角色，甚至可以直接使用内置游戏对象代替角色，也可以从外部导入场景和角色资源。本章主要介绍 Unity 中自带的 3D 物体，并用一个案例演示如何构建一个角色，以及导入、导出资源和打包、发布项目。这是接触 Unity 开发的第一步。

4.1　3D 物体搭建

Unity 已经内置了一些基本的 3D 对象，如立方体、球体、胶囊、圆柱、平面和四边形等。利用这些内置的 3D 对象就可以直接构建出各种 3D 模型。内置 3D 对象的添加方式有两种：一种是通过菜单栏中"游戏对象|3D 对象"来完成；另外一种是在"层级"窗口中，右击空白区域，在"3D 对象"的快捷菜单下选择所需的游戏对象，此时游戏对象就会出现在场景视图窗口中，如图 4-1 所示。每个 3D 物体的基本单位默认为"米"。

图 4-1 添加 3D 对象

4.1.1 内置 3D 对象

1. 立方体

立方体（Cube）可以变形成墙壁、柱子、箱子、台阶和其他类似的物体，一个标准的立方体如图 4-2 所示。立方体自带的变换组件，可以用来调整立方体的大小、位置和进行旋转。

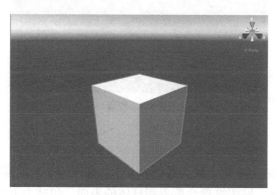

图 4-2 立方体

2. 球体

球体（Sphere）可以作为各种球、行星、弹珠等。半透明的球体也可以制作为不同半径的、很漂亮的图形用户界面（graphical user interface，GUI）设备，如图 4-3 所示。如果贴图，整个贴图纹理会依据上下两个极点环绕包裹整个球体表面。

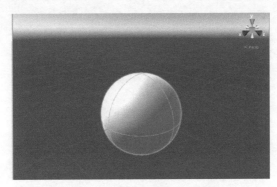

图 4-3　球体

3. 胶囊

现实生活中胶囊形状的物体并不多见，但在 Unity 场景中胶囊（Capsule）通常用来代替人物角色，如图 4-4 所示。

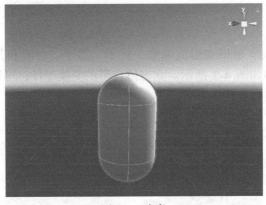

图 4-4　胶囊

4. 圆柱

圆柱（Cylinder）是一个默认直径为 1 米、高度为 2 米的圆柱对象，如图 4-5 所示。如果被贴图，贴图纹理会覆盖到柱体的表面，包括上下两个底面。用圆柱创建柱子、杆、轮子这些物体十分方便，但是需要注意，碰撞盒子的形状要选择胶囊（Unity 没有圆柱形状的碰撞盒子）。

5. 平面

平面（Plane）是一个默认边长为 10 米的正方形对象，且只能在本地坐标空间 XZ 平面中调整的平面正方形，如图 4-6 所示。如果被贴图，整张贴图纹理都会出现在这个正方形上。平面适用于很多类型的扁平表面，如地板、墙壁。一个

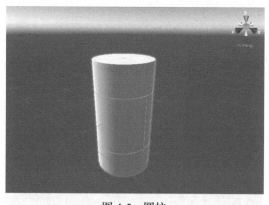

图 4-5　圆柱

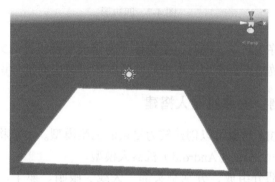

图 4-6　平面

处在 GUI 中的表面在某些时候还需要显示一些图片和视频画面等特殊效果。尽管一个平面可以实现这些效果，但四边形更适合解决这些问题。

6. 四边形

四边形（Quad）是一个立起来的屏幕，如图 4-7 所示。这个基础物体类似上文介绍的平面，但是四边形的边长只有 1 个单位长度，并且表面只能在局部坐标系的 *XY* 平面调整。此外，一个四边形只可以分成两个三角形，但是一个平面可以分成 200 个三角形。当场景中的游戏对象必须要显示图片和视频时，四边形就很合适了。简单的 GUI 和信息显示都可以用四边形实现，在远处显示粒子、图片精灵、伪图片等也都可以使用四边形来实现。

7. 空物体

空物体（Empty）也是一个游戏对象，但该游戏对象只有变换组件，没有其他组件。空物体通常用来承载游戏单元脚本或生成一些用于项目逻辑处理而没有

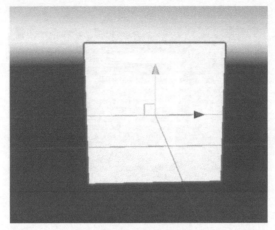

图 4-7　四边形

什么实际效果的游戏对象。同时，空物体还有修改变换组件的父子关系、调整变换组件的结构、做锚点等作用。本书后面的案例讲解中有部分说明。

4.1.2　实践案例：安卓机器人搭建

利用内置的 3D 对象可以创建较为复杂的三维模型。本节将使用 Unity 内置的 3D 对象搭建一个安卓（Android）机器人模型。

该模型由六部分组成，分别是头部、天线、眼睛、躯干、手臂和腿，具体"层级"窗口和"游戏"窗口如图 4-8 所示。新建两个材质球名称分别为 black 和 green，颜色分别设置为黑色和绿色，拖动到相应着色区域即可。作品案例见本书配套素材。

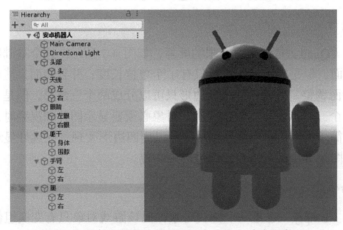

图 4-8　安卓机器人的"层级"窗口和"游戏"窗口

4.2　场　景　搭　建

Unity 并非专业的建模软件，其内置 3D 对象仅能够搭建较为简单的 3D 对象或场景。美工人员利用 3ds Max、Maya、ZBrash 等软件搭建具有较高精细度和仿真度的 3D 对象和场景后，可导出格式为"*.fbx"的建模文件。将这些模型文件导入 Unity，是一种最常用和有效的场景搭建方法。

4.2.1　资源商店的资源导入

Unity Asset Store 是一个商业资源库，它包含 Unity 公司和许多社区成员提供的免费的或商业的资源。它提供的资源包括各种贴图、模型、动画以及完整的项目实例，还有教程和编辑器扩展。

登录 https://assetstore.unity.com，打开资源商店，如图 4-9 所示。在第一次访问时，将会被提示创建一个免费账户用于访问商店。在创建账号并登录后，可以通过下载管理器查看已经购买的资源包，或查找、安装任何更新。

图 4-9　资源商店的首页

通过搜索选择合适的资源，单击"添加至我的资源"按钮将资源加入个人资源库，如图 4-10 所示。

选择菜单栏"窗口│Package Manager"选项，在弹出的对话框中选择"我的资源"（My Assets）下拉菜单，选择 My Assets 选项。在列表中寻找已添加的资源 Golden Tiger，单击右下角 Download（"下载"）按钮和 Import（"导入"）按钮，如图 4-11 所示。资源导入后，即进入 Assets 文件夹。

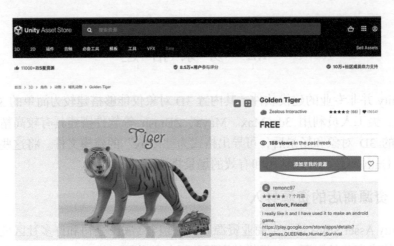

图 4-10 添加资源到个人资源库

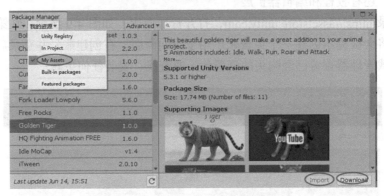

图 4-11 导入资源

4.2.2 项目外的资源导入

外部资源的类型很多,如音频文件、视频文件、图片文件、fbx 模型文件等。导入外部资源包的方法主要有如下三种。

(1)在菜单栏选择"资源|导入包|自定义包"选项,选择想要导入的 Unity 资源包或多媒体文件,单击"打开"按钮,即可导入 Unity 的 Assets 文件夹中,如图 4-12 所示。

(2)单击"项目"窗口中的 Assets 文件夹,右击该文件,在弹出的快捷菜单中选择"导入包|自定义包"选项,选择想要导入的 Unity 资源包或多媒体文件,单击"打开"按钮,即可导入 Unity 的 Assets 文件夹中。

(3)在 Windows 资源管理器选中需要的资源文件或文件夹,使用鼠标将资源文件和文件夹拖动到"项目"窗口的 Assets 文件夹中。

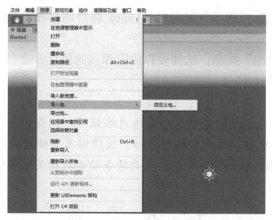

图 4-12　导入自定义资源包

提示：

1. Unity 包是共享和复用 Unity 资源集合的一种资源文件，后缀名为"*.unitypackage"。在 Unity 中，导出包（Export Package）用于导出项目内游戏对象或资源，导入包（Import Package）是将资源导入到当前项目中。

2. 对于 fbx 文件及存储在文件夹的多个贴图文件，建议使用第三种方法。

4.2.3　项目内的资源导出

Unity 的导出功能主要是将项目中的资源生成 unitypackage 文件导出，然后在其他项目中实现复用，导出资源包的步骤如下。

（1）在菜单栏选择"资源|导出包"选项，在 Exporting package（"导出包"）对话框中勾选需要导出的资源，如图 4-13 所示。

图 4-13　"导出包"对话框

（2）勾选"包括依赖项"复选框，Unity 将自动选择对所选的资源有用的任何其他资源。

（3）单击"导出"按钮，选择要存放资源包的位置并命名，然后保存资源包到任何想保存的路径下。

提示：

导出资源包时，Unity 能同时导出所有依赖项。例如，如果选择"包括依赖项"，那么在场景中出现的所有模型、贴图纹理以及其他资源也将同时被导出，这可以快捷导出相关联的资源集合，而无须手动查找相关依赖资源。

4.3　天　空　盒

天空盒（Skybox）是一个全景视图，分为六个纹理，表示沿主轴（上、下、左、右、前、后）可见的六个方向。如果天空盒被正确地生成，那么纹理图片的边缘将会被无缝地合并，在里面的任何方向看，都会是一幅连续的画面。全景图在场景中所有其他游戏对象之后被渲染，并且旋转以匹配摄像机的当前方向，它不会随着摄像机的位置变化而变化，摄像机的位置总是被视为在全景图的中心。因此，使用天空盒是一种将现实感添加到场景中的简单方法，并且图形硬件的负载最小。

在菜单栏选择"窗口|渲染|光照"选项，打开"照明"设置，如图 4-14 所示。

图 4-14　"照明"设置

（1）天空盒材质：天空盒是一种材质，它出现在场景中的所有其他对象后方，用于模拟天空或其他遥远的背景。使用此属性可选择要用于场景的天空盒材质。默认值是 Default-Skybox 材质。

（2）太阳源：可用来指定一个带有定向光源（Directional Light）组件的游戏对象，以表示太阳（或其他照亮场景的大型、遥远的光源）的方向。如果将其设置为"无（灯光）"，则场景中最亮的定向光被认为代表太阳。

（3）源：漫射环境光（也称为环境光）是场景周围存在的光，并非来自任何特定的光源对象。此项可用于定义光源颜色。默认值为"天空盒"。选择"颜色"选项可将单调颜色用于场景中的所有环境光；选择"渐变"选项可为来自天空、地平线和地面的环境光选择单独的颜色，并在它们之间实现平滑混合；选择"天空盒"选项可使用天空盒的颜色（如果已通过"天空盒"指定）来确定来自不同角度的环境光。

（4）强度乘数：使用此属性可设置场景中漫射环境光的亮度，定义为 0～8 的值。默认值为 1。

请导入本书配套素材，将天空盒材质设置为 Sunny_01，可以发现场景视图的天空盒已经改变。

提示：

环境中的照明不仅取决于灯光，也取决于环境的照明。在资源商店中以 skybox 为关键词搜索和下载一个免费的天空盒并导入项目中。在菜单栏"窗口｜渲染｜环境照明"选项中替换默认的天空盒，整个环境都会受到影响。当然，其他类型的灯光也会影响整个环境。

4.4　作　品　发　布

当作品开发完成后，就可以将项目打包发布成能够脱离 Unity 平台的软件资源了。下面着重介绍发布到 Windows 和 Android 这两种发布方式。

4.4.1　发布 Windows 作品

通过菜单栏"文件｜生成设置"选项，打开 Build Settings 窗口，平台默认选择"PC，Mac & Linux Standalone"则可以发布 Windows 作品，如图 4-15 所示。

1. 场景栏

Build Settings 中的场景栏（"Build 中的场景"）是一个场景列表，默认是空的，但正式发布的作品应该至少包括一个场景。有两种方式添加场景：一种是单

图 4-15   Windows 作品发布窗口

击 "添加已打开场景" 按钮，打开一个选择场景的窗口进行选择操作；另一种是从 Assets 文件夹中选择需要发布的场景，拖动到 Build Settings 窗口中。添加完场景后，"Build 中的场景" 下场景列表中的场景命名左侧为场景名称，右侧为场景的索引号。场景索引号为 0 的场景，在作品发布后会被第一个加载。如果已经添加了多个场景文件并且希望重新排列它们的顺序，只需要在列表中拖动它们即可，它们的场景索引号也会随之改变。要删除某个已经添加的场景，只要选中该场景并按键盘上的 Delete 键即可。

2. 平台列表

平台列表显示了可供用户选择的作品发布平台。Unity 默认平台是 "PC，Mac & Linux Standalone"，在进行简单的用户设置后单击 "生成" 按钮就可以发布针对这个平台的项目包了，这时会弹出一个对话框让用户定义文件名称和保存位置（注意文件路径应是全英文或英文和数字字符的组合形式），之后就进入打包发布的流程。整个操作流程是机械式的，发布 Windows、MacOS 等桌面系统的游戏包是非常简单的。需要注意的是，当首次使用其他平台进行发布时，须先单击右下角 "切换平台" 按钮进行加载，之后该按钮会转换成 "生成"。

3. 项目设置

在生成之前，还需对应用程序的细节进行设置。在图 4-15 中，单击左下角

"玩家设置"按钮,单击 Player 选项,可以对打包生成的应用程序的属性进行设置,如图 4-16 所示。

图 4-16 "项目设置"(Project Settings)窗口

(1)公司名称:输入开发者所在公司的名称。

(2)产品名称:输入应用程序运行时出现在标题栏上的名称。

(3)版本:输入应用程序的版本号。

(4)默认图标:选择要用作 Windows 平台上应用程序的默认图标的 Texture2D 文件。

(5)默认光标:选择要用作每个支持平台上应用程序的默认光标的 Texture2D 文件。

(6)光标热点:将默认光标左上角的像素偏移值设置为光标热点的位置。

(7)图标:设置生成 exe 文件的图标样式。

(8)全屏模式:在"分辨率和演示"选项下,可选择"全屏窗口"、"独占全屏"、"最大化窗口"或"窗口化"四个选项。

(9)支持的纵横比:在"分辨率和演示"选项下,指屏幕弹窗支持的分辨率,一般全部勾选,即 4:3、5:4、16:10、16:9 以及 Others。

(10)启动图像:指应用程序开始的展示界面,可自定义徽标及其持续时间,一般取消勾选"显示 Unity 徽标"。

(11)最低 API 级别:Android 10.0,用于设置生成 Android APK 文件的版本。

4. 生成

用 Unity 发布作品，使之可以在 Windows 操作系统上运行，这比较简单。只需要添加场景并进行一些简单的设置，服务器版本可以选择是否支持 64 位处理器。单击"生成"按钮，在弹出的对话框中设置文件名称和保存位置。需要注意的是，与 Unity 相关的项目路径和打包路径必须是英文或英文和数字字符组合形式，导出的文件不能在 Unity 的根目录下，文件名称与用户设置中的产品名称一致。在 Windows 系统中发布完成后，Unity 系统会生成可执行文件（后缀为".exe"），同时有一个存放数据的文件夹（名为×××_Data）生成，这个文件夹包含项目需要的所有资源。

4.4.2 发布 Android 作品

导出 Android 的 APK 文件需要 Android SDK 和 Open JDK 等两个插件文件的支持，安装这两个插件最简单的方法是通过 Unity Hub，在已安装的 Untiy 中添加模块，勾选 Android Build Support 选项，如图 4-17 所示。安装完成后，即可发布 Android 作品。

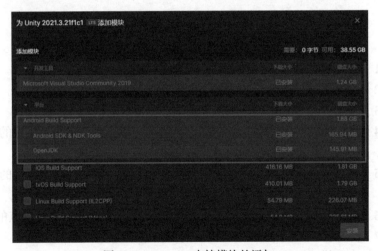

图 4-17　Android 支持模块的添加

通过菜单栏"文件|生成设置"选项，打开 Build Settings 窗口，选择 Android 则可以发布 Android APK 文件，如图 4-18 所示。

在图 4-18 中，场景栏、平台和生成的设置与 Windows 作品发布类似，这里不再赘述。下面重点介绍生成 Android"项目设置"（Project Settings）的几个选项，如图 4-19 所示。

图 4-18　Android 的 Build Settings 窗口

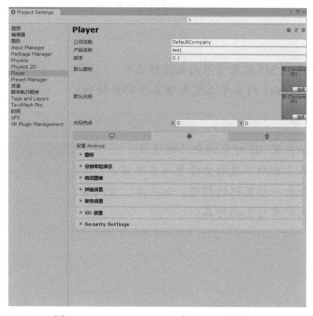

图 4-19　Project Settings 中的 Player 设置

（1）产品名称：输入应用程序运行时出现在安卓手机桌面上应用的名称，可以使用汉字。

（2）版本：输入应用程序的版本号。

（3）默认图标：选择用作 Android 平台上应用程序默认图标的 Texture2D 文件。

（4）方向（在"分辨率和演示"选项卡内）：可选择纵向、纵向倒置、右横屏、左横屏和 Auto Rotation（自动旋转）。

本章小结

本章的主题是 Unity 内置 3D 对象。主要介绍了常用的 3D 对象：立方体、球体、胶囊、圆柱、平面、四边形和空物体。分别介绍了它们如何添加以及属性和作用。最后还补充了一个简单的例子，这个例子本身的知识点不多，仅仅是为了提高读者的动手能力，初步体会内置 3D 对象的使用。这部分是本章的重点学习内容。

还介绍了外部资源的导入和内部资源的导出，以及整个项目如何打包发布。希望读者能够勇于尝试模仿本书的案例，提高动手实践能力，并且学会自己创建新的案例。

思考与实践

思考：

1. Unity 内置的 3D 对象可以用来做什么？

2. 思考一下 Unity 的多平台发布带来了哪些便利？

实践：

1. 逐一添加内置 3D 对象到自己的项目。

2. 尝试把第 3 章所下载的资源导入本项目。

3. 动手组合出一些其他的模型，如小车、雪人等。

4. 尝试打包发布自己的作品。

第 5 章

常 用 组 件

【学习目标】

1. 了解 Unity 中的常用组件
2. 掌握添加 Unity 中常用组件的方法
3. 熟悉 Unity 中常用组件的基本属性

组件（Component）是在游戏对象（Game Object）中实现某些功能的集合。无论是模型、GUI、灯光还是摄像机，所有游戏对象本质上都是一个空物体挂载了一个或多个不同类型的组件，从而让该游戏对象拥有不同的功能。对一个空游戏对象来说，如果为其添加一个摄像机（Camera）组件，那么该对象就是一架摄像机；如果为其添加网格过滤（Mesh Filter）组件，那么该对象就是一个模型；如果为其添加刚体（Rigidbody）组件，那么该对象会受重力作用。本章主要介绍常用的组件，包括变换组件、刚体组件、碰撞器组件、角色控制器组件、音频源组件、视频播放器组件、网格过滤器组件和网格渲染器组件。

5.1　变　换　组　件

5.1.1　添加方法

变换（Transform）组件控制物体的位移、旋转、缩放以及矩形变换，是 Unity 中每个游戏对象必须包含的组件（包括空物体）。添加 Unity 中的内置对象，都会默认添加变换组件。

5.1.2　组件属性

变换组件默认属性如图 5-1 所示，其中，位置指的是物体的 X 轴、Y 轴、Z 轴坐标，单位是"米"；旋转是指沿着选中轴旋转，单位是"度"（°）；缩放指的是以选中轴的中心点向外放大或者缩小的比例。

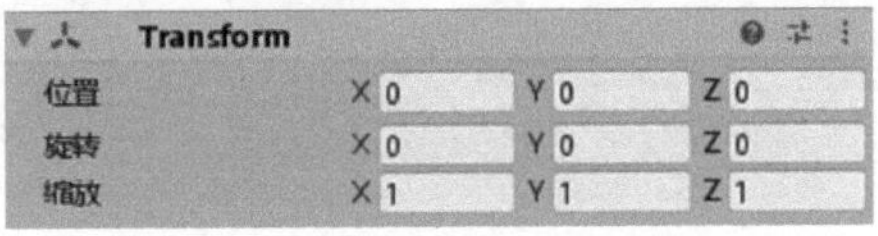

图 5-1　变换组件默认属性

变换组件的数值不仅可以直接修改，还可以在工具栏中使用变换工具修改（图 5-2），修改位置、旋转和缩放分别对应移动工具（W）、旋转工具（E）和缩放工具（R）。

图 5-2　变换工具

5.2　刚　体　组　件

刚体（Rigidbody）组件是物理引擎中最基本的组件，通过刚体组件可以给物体添加一些常见的物理属性，如质量、摩擦力、碰撞参数等。

5.2.1　添加方法

选中一个游戏对象，在菜单栏选择"组件|物理|刚体"选项，如图 5-3 所示；或者在"检查器"窗口中单击"添加组件"按钮，搜索"刚体"，如图 5-4 所示，这样就添加了刚体组件。游戏对象添加刚体组件后就会受重力、碰撞等的影响，最典型的就是"脚下无地"就会坠落、和其他刚体碰撞会反弹、无法进入等。

图 5-3　添加刚体方法一

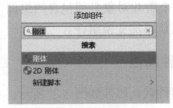

图 5-4　添加刚体方法二

5.2.2　组件属性

刚体组件默认属性如图 5-5 所示。

图 5-5　刚体组件默认属性

（1）质量：所选物体的质量，默认单位"千克"（kg）。

（2）阻力：当受力移动时，物体受到的空气阻力。0 表示没有空气阻力，极大时使物体立即停止运动。

（3）角阻力：受扭力旋转时物体受到的空气阻力。0 表示没有空气阻力，极大时使物体立即停止旋转。

（4）使用重力（Use Gravity）：若激活，则物体受重力影响。

（5）是否开启动力学（Is Kinematic）：若开启，则所选物体将不受物理引擎的影响，从而只能通过变换组件属性来操作。

（6）插值：用于控制刚体运动时的抖动情况，有三个值可供选择：①无，即没有插值。②插值，即基于前一帧的变化来平滑处理此次变化。③外推，即基于下一帧的变化来平滑处理此次变化。

（7）碰撞检测：用于避免高速运动的对象未与其他对象发生碰撞，并穿过其他对象的情况。有三种情况可供选择：①离散的，即与场景中所有碰撞器进行碰撞检测，为默认选项。②连续的，即在检测本物体与刚体碰撞器的碰撞时，采用不连续检测方式；而在检测本物体与静态碰撞器的碰撞时，需要采用连续检测方式。执行连续检测算法会极大地影响物理引擎的性能，因此常规情况下应设置为默认的"离散的"方式。③连续动态的，一般用于高速物体，这是最准确的碰撞检测方式，但也是最耗资源的，它使用推测的物理模型来预测和处理碰撞。

（8）约束（Constraints）：约束和限制刚体在某些方向的移动和旋转，但是脚本的修改不受此限制。①冻结位置：可分别限制刚体沿 X 轴、Y 轴、Z 轴方向的移动，此处是指世界坐标系。②冻结旋转：可分别限制刚体沿 X 轴、Y 轴、Z 轴的旋转，此处是指局部坐标系。

5.3 碰撞器组件

碰撞器（Collider）组件定义了物体的物理外形，通常会和刚体组件一起使用，用来正确模拟碰撞。如果没有添加碰撞器组件，那么两个刚体重叠时就不会发生碰撞，而是互相穿过。Unity 中有六种常用的碰撞器，分别是盒状碰撞器、球体碰撞器、胶囊碰撞器、网格碰撞器、车轮碰撞器和地形碰撞器。接下来以盒状碰撞器为例进行介绍。

5.3.1 添加方法

盒状碰撞器是一种立方体形状的基本碰撞器。添加方式有两种，选中需要添加的对象，在菜单栏选择"组件|物理|盒状碰撞器"选项，如图 5-6 所示；或者在"检查器"窗口中单击"添加组件"按钮，搜索得到"盒状碰撞器"，如图 5-7 所示。同理，其他类型的碰撞器也可以这样添加。

图 5-6 添加盒状碰撞器方法一

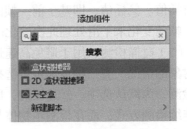

图 5-7 添加盒状碰撞器方法二

5.3.2 组件属性

盒状碰撞器极为常用，很多物体都可以粗略地表示为立方体，如大石块或者宝箱。而且薄的盒子也可以用来做地板、墙面或斜坡。当用多个碰撞器制作组合碰撞器时，盒子也极为常用。盒状碰撞器组件默认属性如图 5-8 所示。

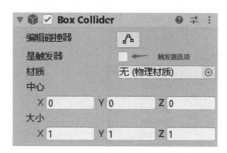

图 5-8　盒状碰撞器组件默认属性

（1）是触发器：勾选此项，则当前对象变为触发器（Trigger），不会与刚体发生碰撞，而是直接穿过。

（2）材质：指定一个物理材质。物理材质决定了摩擦力、弹性等。

（3）中心：中心点的坐标（局部坐标系）。

（4）大小：碰撞器的大小，这个属性由三个浮点数表示，对应于碰撞器在3D空间 X 轴、Y 轴、Z 轴的长度。

提示：

胶囊碰撞器通常可以随意地调整胶囊的长短和粗细，所以它既可以用来表示一个人体的碰撞器，也可以用来制作长杆。网格碰撞器用于创建一个任意外形的碰撞器。球体碰撞器通常用来制作网球、篮球等，还可以用来制作滚落的石块等。

5.4　角色控制器组件

学习者所操控的虚拟角色可以"动"，如走、跑、跳、飞等，这就需要角色控制器（Character Controller）组件。该组件是一个为了开发"角色"而封装的组件，可以看作受限的刚体，会表现出一定的物理效果，但不能表现出真实的物理效果，不受力的作用。带有该组件的物体在碰撞时相当于带有碰撞器和刚体，如果和另外一个物体发生碰撞，则能检测到碰撞事件，但不会表现出真实的碰撞效果。

5.4.1　添加方法

角色控制器的添加方式有两种：一是选择需要添加的对象，在菜单栏选择"组件 | 物理 | 角色控制器"选项，如图 5-9 所示；或是在"检查器"窗口中单击"添加组件"按钮，搜索"角色控制器"或者 Character Controller，如图 5-10 所示。

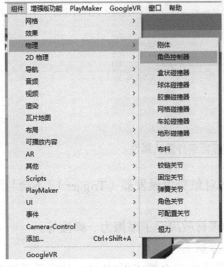

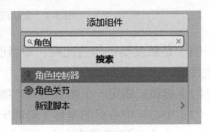

图 5-9　添加角色控制器方法一　　　　图 5-10　添加角色控制器方法二

5.4.2　组件属性

角色控制器组件的默认属性如图 5-11 所示。

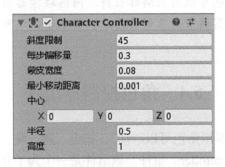

图 5-11　角色控制器组件默认属性

（1）斜度限制：限制角色所能爬上的最大斜坡的角度，默认为 45°。

（2）每步偏移量：限制角色所能爬上的最高台阶高度。这个高度不能高于角色本身的高度，否则会提示错误。

（3）蒙皮宽度：指角色的碰撞器和其他碰撞器之间允许穿透的深度。较大的表面厚度有助于减少抖动的发生，较小的表面厚度可能会让角色卡在场景上无法移动。

（4）最小移动距离：如果角色试图移动一个很小的距离（小于本参数），则角色根本不会移动，这个功能有助于减少抖动的发生。在大多数情况下这个值可以设置为 0。

（5）中心：该属性会偏移胶囊碰撞器的位置，以世界坐标表示。用该属性不会影响角色本身的中心位置。

（6）半径：角色模型的胶囊碰撞器的半径。

（7）高度：角色模型的胶囊碰撞器的高度。这个高度是以角色模型中心为基准的，而不是角色模型的脚下。

提示：

1. 调整属性时，需要根据模型的外形进行调整，尽量贴合角色模型的宽度和高度；斜度限制不应当太小，若大于 90°，角色会爬上墙。每步偏移量也是一样的，如果角色模型是 2 米，那么建议每步偏移量限制值为 0.1~0.4。

2. 如果角色被卡住了，那么最有可能的情况是蒙皮宽度太小。适当的蒙皮宽度会允许角色少量穿透其他物体，要注意避免角色抖动或是被卡住；一般来说，建议让蒙皮宽度总是大于 0.01，且大于自身半径的 10%。

3. 建议将最小移动距离设置为 0。

5.5 音频源组件

在现实生活中，声音是必不可少的，生活中有人声、鼠标点击声、街道喧哗声、汽车喇叭声等声音。发出声音的物体就是音频源，顾名思义，就是声音的源头。在 Unity 中，用于播放声音的组件就是音频源（Audio Source）组件。音频源组件是场景中在某个位置的发声装置，好像一个喇叭，它播放的对象是音频片段（Audio Clip）。与音频源组件配合使用的是音频监听器（Audio Listener）组件。场景的摄像机（Main Camera）默认自带一个音频监听器组件，也可以删除摄像机的音频监听器组件，而把它添加到其他游戏对象上。

5.5.1 添加方法

Audio Source 组件的添加方式有两种：一种是通过菜单栏中"组件|音频|音频源"选项，如图 5-12 所示；另一种是在"检查器"窗口下单击"添加组件"按钮，搜索"音频源"或 Audio Source，单击即可添加，如图 5-13 所示。

5.5.2 组件属性

音频源组件的属性如图 5-14 所示。

（1）音频剪辑（AudioClip）：音频源文件。把需要的音频拖入，运行时就可以播放了。

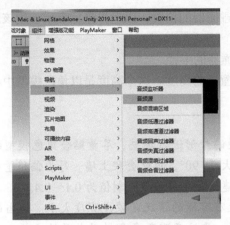

图 5-12　添加音频方法一

图 5-13　添加音频方法二

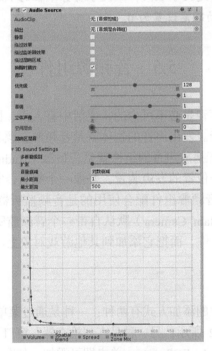

图 5-14　音频源组件默认属性

（2）输出：可以输出到音频监听器或者混音器（Audio Mixer）。当设置为"无（音频混合器组）"时，即代表输出到音频监听器，而设置输出到混音器时需要指定具体的混音器。

（3）静音：勾选后，静音，但音频仍处于播放状态。

（4）绕过效果：作用在当前音频源的音频滤波器的开关。

（5）绕过监听器效果：作用在当前监听器的音频滤波器的开关。

（6）绕过混响区域：勾选时不执行回音混淆的效果。

（7）唤醒时播放：项目一开始时就开始播放。

（8）循环：是否循环播放音频。

（9）优先级：决定音源在场景中存在的所有音源中的播放优先级。

（10）音量：声音的大小。

（11）音调：播放音频时速度的变化量，默认值为 1，表示正常的播放速度。

（12）立体声像：声道占比设置。

（13）空间混合：设置声音是 2D 声音还是 3D 声音。2D 声音没有空间的变化，3D 声音有空间的变化，离音频源越近听得越清楚。

（14）混响区混音：音混合设置。

（15）3D 音效设置（3D Sound Settings）：3D 立体声效设置。

提示：

如果选择 3D 音效，快速移动物体会出现音频失真，只需要将多普勒级别（Doppler Level）设置为 0 就可以避免这个问题发生了。

5.6　视频播放器组件

视频播放器（Video Player）组件是可将视频文件附加到游戏对象上，从而实现视频播放的组件。

5.6.1　添加方法

视频播放器组件的添加方式有两种：一种是通过菜单栏"组件 | 视频 | 视频播放器"选项，如图 5-15 所示；另一种是在"检查器"窗口下单击"添加组件"按钮，搜索"视频播放器"或 Video，单击即可添加，如图 5-16 所示。

图 5-15　添加视频方法一

图 5-16　添加视频方法二

5.6.2 组件属性

视频播放器组件默认属性如图 5-17 所示。

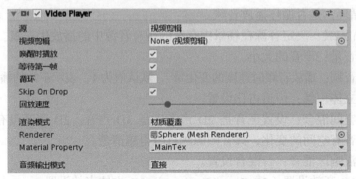

图 5-17 视频播放器组件默认属性

（1）源：选择视频来源，可选择来源于本地文件或来源于网络。

（2）视频剪辑：分配一个视频文件。

（3）唤醒时播放：勾选后会在场景启动时播放视频。

（4）等待第一帧：如果勾选，Unity 将在游戏开始前等待源视频的第一帧准备好再显示。如果取消勾选，可能会丢弃前几帧以使视频时间与游戏的其余部分保持同步。

（5）循环：使视频播放器组件在源视频到达结尾时循环播放视频。

（6）跳过掉帧（Skip On Drop）：勾选即意味着当视频播放落后于计划播放时间时，Video Player 将会跳过一些帧以尝试赶上正确的播放进度。这可能会导致视频播放出现跳跃，但能保证视频的播放时间与实际经过的时间一致。

（7）回放速度：此滑动条和数字字段表示播放速度。默认情况下，该字段设置为 1（正常速度）。

（8）渲染模式：使用下拉列表来定义视频的渲染方式。

（9）渲染（Renderer）：视频播放器组件用于渲染图像的渲染器。

（10）材质属性（Material Property）：指定视频应渲染到材质的哪个属性中。

（11）音频输出模式：定义输出源的音频轨道。

提示：

Unity 支持的视频格式包括 mov、mpg、mpeg、mp4、avi、asf。但有的时候，在将视频拖入 Unity 中时会出问题。因此，建议使用 Theora Converter .NET 软件先对视频进行格式转换。把要播放的文件转换为 ogv 格式，这种格式可以直接被 Unity 识别。将转换好的 ogv 格式的视频文件拖到 Project 的 Assets 文件夹下即可。

5.7 网格过滤器组件

Unity 中，网格（Mesh）是游戏对象的 3D 骨架，每个游戏对象都有一个网格。网格过滤器（Mesh Filter）组件可以从资源中获取网格并将其传递给网格渲染器（Mesh Renderer），以便在屏幕上渲染。

5.7.1 添加方法

默认情况下，3D 对象自带网格过滤器组件。对于没有该组件的 3D 对象，添加方式有两种：一种是通过菜单栏"组件 | 网格 | 网格过滤器"选项，如图 5-18 所示；另一种是在"检查器"窗口下单击"添加组件"按钮，搜索"网格过滤器"或 Mesh Filter，单击即可添加，如图 5-19 所示。

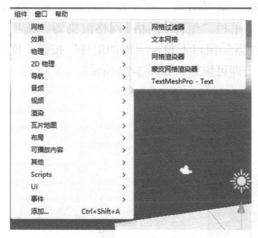

图 5-18　添加网格过滤器方法一

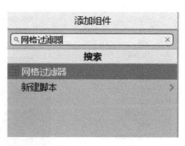

图 5-19　添加网格过滤器方法二

5.7.2 组件属性

网格过滤器组件默认属性如图 5-20 所示。

图 5-20　网格过滤器组件默认属性

网格过滤器组件只有一个属性，即网格，要更改网格过滤器组件引用的网格资源，可使用"对象选取器"（ ⊙ ）按钮。

提示：

当更改网格过滤器组件引用的网格时，此游戏对象上其他组件的设置不会改变。例如，网格渲染器（Mesh Renderer）组件不会更新其设置，这可能会导致 Unity 使用非预期的属性渲染网格。如果发生这种情况，应根据需要调整其他组件的设置。

5.8　网格渲染器组件

网格渲染器（Mesh Renderer）从网格过滤器（Mesh Filter）获取几何体，然后在游戏对象的变换组件所定义的位置渲染该游戏对象为几何体。

5.8.1　添加方法

默认情况下，3D 对象自带网格渲染器组件。对于没有该组件的 3D 对象，添加方式有两种：一种是通过菜单栏"组件 | 网格 | 网格渲染器"选项，如图 5-21 所示；另一种是在"检查器"窗口下单击"添加组件"按钮，搜索"网格渲染器"或 Mesh Renderer，单击即可添加，如图 5-22 所示。

图 5-21　添加网格渲染器方法一

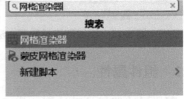

图 5-22　添加网格渲染器方法二

5.8.2　组件属性

网格渲染器组件的属性包括材质、照明、探测器和其他设置四个组别，如图 5-23 所示。

图 5-23 网格渲染器组件默认属性

（1）大小：材料列表中的元素数，即材质的数量。

（2）元素 0：要更改材质引用的资源，可使用"对象选取器"按钮。

（3）投射阴影：指定此渲染器在合适的光源照射时是否投射阴影以及如何投射阴影。

（4）接受阴影：指定 Unity 是否显示投射到此渲染器上的阴影。

（5）贡献全局照明：将此渲染器包含在烘焙时发生的全局照明计算中。

（6）接收全局照明：指定 Unity 是从烘焙的光照贴图还是从运行时光照探针向此渲染器提供全局光照数据。

（7）光照探测器：Unity 从场景中的光照探测器向此渲染器提供全局光照数据。

（8）反射探测器：Unity 捕捉周围环境的渲染结果，然后应用到材质的反射中。

提示：

投射阴影、接受阴影、贡献全局照明、接收全局照明等属性，仅当为此场景启用"烘焙全局照明"或"开启实时全局照明"时，这些属性才具有效果。

本章小结

本章的主题是 Unity 中常用组件，主要介绍了它们如何添加、使用以及属性和作用。这部分是本书的重点学习内容，并且在后面的学习中会经常用到，希望读者能够自己尝试添加和测试不同属性值变换带来的不同效果，提高动手实践能力，并且学会自己创建新的案例。

思考与实践

思考：

1. 什么是 Unity 的组件？它有何价值？

2. 碰撞器组件和刚体组件是否需要搭配使用？

3. 角色控制器组件的主要作用是什么？

4. 若平面上的物体穿过平面往下掉而不是落到平面上该怎么办？

5. Unity 的哪个组件可以使物体受到重力作用？

实践：

1. 新建 3D 项目，分别尝试添加不同的组件，查看不同组件的结构和属性。

2. 测试不同组件的属性变化会带来什么不同的效果。

3. 尝试在物体中添加声音和视频。

第 6 章

场 景 装 饰

【学习目标】

1. 了解 Unity 常用的几种材质的特点及纹理贴图的搭配
2. 学会设置材质和纹理
3. 了解 Unity 光照系统包含的所有灯光类型及其特点
4. 学会布置场景的光照效果

本章将会介绍如何美化场景以获取拟真的视觉效果。首先，了解贴图、着色器和材质的使用，创建多种多样的真实材质效果以达到为场景模型赋予合适材质的要求。然后，通过合理地用光和设置光照系统，化腐朽为神奇，让平凡的世界充满奇妙和乐趣，并通过实际操作进一步了解光照系统具体的使用技巧。

6.1 材　　质

网格过滤器（Mesh Filter）组件控制着 Unity 中每个游戏对象的显示形状，而显示的效果是通过网格渲染器（Mesh Renderer）组件挂载材质（Material）来实现的。Unity 中，材质是包含定义网格外观的颜色、图像和其他属性的资源（与项目一起存储并在项目文件夹中管理）。材质由贴图（Texture）和着色器（Shader）组成。贴图本质上是把纹理数据映射到 3D 程序模型上的规则，就是带纹理的图片，而着色器是用来实现图像渲染的，是专门用来渲染图形的一种技术。通过着色器，可以自定义显卡渲染画面的算法，使画面达到理想效果。通过贴图和着色器的配合，可以创造出逼真的模型。

材质的建立方法为，在"项目"窗口 Assets | Materials 文件夹中，右击空白处，在弹出的快捷菜单中选择"创建 | 材质"选项，即可创建一个新的材质文件，如图 6-1 所示。将创建的材质拖动到游戏对象的"检查器"窗口"网格渲染

器组件|材质|元素"中，即可实现对当前材质的应用。

图 6-1　材质创建方法

6.1.1　材质的属性

创建材质后，在"项目"窗口单击当前材质，可以在"检查器"窗口改变材质的属性，如图 6-2 所示。

图 6-2　材质的属性

（1）着色器（Shader）是一款运行在图形处理单元（graphics processing unit，GPU）上的程序，用来对三维物体进行着色处理、光与影的计算、纹理颜色的呈现等,从而将游戏引擎中一个个作为抽象几何数据存在的模型、场景和特效,以和真实世界类似的光与影的形式呈现于用户的眼前。着色器分成很多类别,Unity 允许用户自己创建编辑特殊的着色器。出于性能优化的考虑,要选择合适的着色器。初学者推荐使用"标准"(Standard)着色器。

(2)渲染模式(Rendering Mode):项目导入的模型都需要通过四种渲染模式进行分类渲染才能体现出接近真实的颜色、光照、纹理等效果。这些参数的具体内涵如下。Opaque(不透明):这是一种默认的呈现方式,适用于不透明的普通固态物体。Cutout(剪裁模式):适用于部分透明的物体,如树叶、栅栏等。Fade(淡入淡出):用于实现半透明效果,适用于需要柔和过渡的半透明物体,如烟雾、云。Transparent(透明):适用于透明材料,如透明塑料或玻璃。

(3)反射率(Albedo):基础颜色和贴图,需要一个漫射纹理贴图或者直接赋予一个颜色。

(4)金属的(Metallic):使用金属特性模拟外观。

(5)光滑度(Smoothness):设置物体表面的光滑程度。

(6)法线贴图(Normal Map):描述物体表面的凹凸程度。

(7)发射(Emission):控制物体表面自发光的颜色和贴图。

(8)正在平铺(Tilling):沿着不同的轴,纹理平铺个数。

(9)偏移(Offset):滑动纹理。

6.1.2 材质设置

利用材质的属性设置,可以生成漫反射材质(如木头、石头等)、反射材质(如金属等)、透明材质(如玻璃等)和发光材质(如霓虹灯等)。以下将介绍以默认的"标准"(Standard)着色器来实现上述模型的材质效果。

首先,新建一个 3D 空项目,导入本书配套素材,打开 mug 场景。然后,在项目中创建一个名为 mug 的材质,将默认着色器(Shader)设置为"标准"(Standard),渲染模式设置为"不透明"(Opaque)。最后,打开名为 mug 的场景,下面将分别介绍漫反射材质、反射材质、透明材质和发光材质的设置方法。

1. 漫反射材质

将 Texture/Mug 文件夹下的 Mug_Albedo 和 Mug_Normal 文件分别作为漫反射贴图和法线贴图拖动到"反射率"和"法线贴图"区域,设置颜色为蓝色,如图 6-3 所示。从"游戏"窗口可以看出,有贴图的水杯变为蓝色,设置法线贴图后,水杯表面有一定的凹凸感,如图 6-4 所示。

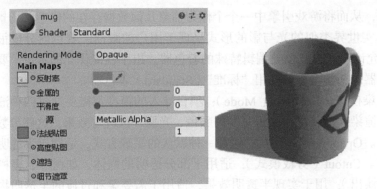

图 6-3 漫反射贴图设置　　　　图 6-4 漫反射贴图效果

2. 反射材质

还以水杯为例。使"金属的"属性数值增加，反射的强度就会增大。"平滑度"属性数值增大，物体表面会更加平滑。当然，高反射的材质必须配合灯光才能看出效果，数值也要和灯光进行同步调节配合。图 6-5 所示对"金属的"和"平滑度"进行了适度调节，效果如图 6-6 所示。

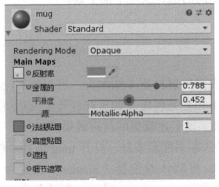

图 6-5 反射贴图设置　　　　图 6-6 反射贴图效果

3. 透明材质

为获得水杯的透明效果，需要把材质"渲染模式"（Rendering Mode）设置为"透明"（Transparent），如图 6-7 所示。

此外，在"反射率"（Aldebo）颜色选项中可以调节 A 通道上的数值，实现透明度的变化。A 即"透明度"（Alpha），数值越高则不透明度越低，如图 6-8 所示。透明材质效果展示如图 6-9 所示。

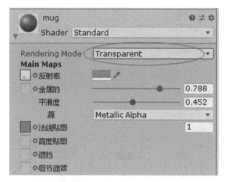

图 6-7　透明材质设置

图 6-8　透明度设置　　　图 6-9　透明材质效果展示

4. 发光材质

"发射"（Emission）是"标准"着色器的一个属性，它允许场景中的静态物体发光。默认情况下"发射"的值被设置为 0。这意味着使用"标准"着色器的物体指定材料不会发射光。

创建发光材质参数设置如下：勾选"发射"，并单击 HDR 调节发射光的颜色，如图 6-10 所示。HDR 颜色选择器可用于选择强度为 0～1 的颜色，以创建类似于区域灯光的明亮灯光效果。自发光的使用会增加渲染的计算成本，因为发光表面需要额外的计算来模拟自发光的效果。发光材质仅直接影响场景中的静态几何体。

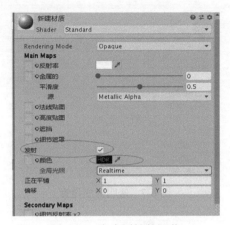

图 6-10   发光属性的调节

6.1.3   实践案例：室内装饰

Unity 中自带的模型只能实现一部分功能，大部分的复杂模型是 fbx 文件导入 Unity 后方可使用的。fbx 文件在导入 Unity 后，有些模型显示为一团紫红色，这意味着丢失材质了，也可能是 fbx 文件本身就没有材质，或者是 3ds MAX 创建的模型材质是 Unity 无法识别的类型，如 vary 材质。这种情况可以在 Unity 中重新制作材质，或者在 3ds MAX 中烘焙成贴图后，直接贴在漫射通道上。这里对 3ds MAX 不过多介绍，着重介绍在 Unity 中的制作，请先导入本书配套素材"6.1.3 室内装饰.unitypackage"，打开 room 场景，在其 Apartment 游戏对象中可以看到一系列子物体。

首先给场景的材质分类，把共用一个材质的物体分门别类。在这个场景中，所有布制的沙发、座椅是一种材质，墙面整体都是一种材质，窗框和踢脚线是一种材质，如图 6-11 所示。

图 6-11   室内房间材质分析

有的模型并非只有一种材质。例如，Walls 对象的四面是白色墙面材质，而地面是木板材质，踢脚线是踢脚线材质。这个模型是其他三维软件中制作后导入 Unity 中的，在 Mesh Renderer 中可以设置由三种材质构成，如图 6-12 所示。

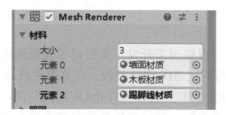

图 6-12　Walls 对象的 Mesh Renderer 材质构成

这里的红布材质和木板材质，在反射率中分别使用了红布的贴图和木板的贴图，如图 6-13 所示。

图 6-13　红布材质和木板材质的设置

6.2　全 局 光 照

人们能够看到这个世界需要两个条件：一个是感知光线的眼睛，另一个是发光的物体。现实中光线的来源是多样的，白天有太阳，晚上有月光，街道上有霓虹灯，舞台上有聚光灯，不同的光照强度和不同的灯光颜色都起到不同的作用。在现实世界中，有两种类型的照明效果：直接照明和间接照明。直接照明是直接从光源（灯、太阳或其他发光物）照射的灯光，而间接照明则是来自其他物体的反射光。Unity 光照的工作方式类似于光在现实世界中的情况。Unity 使用详细的光线工作模型来获得更逼真的结果，并使用简化模型来获得更具风格化的结果。

6.2.1　灯光类型

使用 Unity 来进行虚拟现实开发，光照对于视觉输出渲染有至关重要的作用。添加灯光的方法与创建 3D 物体类似，在菜单栏选择"游戏对象|灯光|定向光"选项或在"层级"窗口中选择"灯光|定向光"都可以。在 Unity 中，灯光（Light）组件设置的不同，将导致场景的直接光照有所差异，在灯光组件的类型选项中可以切换灯光的类型，如图 6-14 所示。

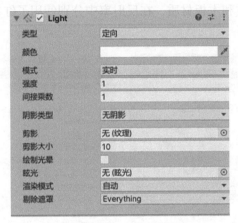

图 6-14　灯光组件

影响灯光性质的属性包括以下几个。

（1）类型（Type）：设置光源的类型，可以选择"定向"（Directional Light）、"点"（Point Light）、"聚光"（Spot Light）、"区域"（Area Light）。

（2）颜色（Color）：可设置光源的颜色。

（3）模式（Mode）：可以选择"实时"（Realtime），"混合"（Mixed）和"烘焙"（Baked）。这一属性的具体内涵如下：实时光照是指 Unity 在运行时计算光照，需要更高的配置，消耗更多算力；烘焙光照是指 Unity 提前执行光照计算并将结果保存为光照数据，然后在运行时应用，合理使用烘焙光照，可以节省较多资源，降低游戏要求的硬件配置；混合光照是实时光照和烘焙光照的混合。

（4）强度（Intensity）：定向光的默认值为 0.5。点光源、聚光灯和区域光的默认值为 1。

（5）间接乘数（Indirect Multiplier）：使用此值来改变间接光的强度。如果将间接乘数设置为小于 1 的值，则反射光会随着每次反射而变暗。大于 1 的值使每次反弹时光线更亮。

（6）阴影类型（Shadows）：可设置对象的影子为"硬阴影"（Hard Shadows）、"软阴影"（Soft Shadows）或"无阴影"（No Shadows）。

1. 定向光

定向光，是场景中的主要光源类型。几乎每个场景中都会使用这个光源对象，它常用于模仿太阳光的效果。它与点光源和聚光灯最大的不同在于：定向光并没有真正的"源"。在游戏中，定向光从同一个角度照射场景，也就是说定向光在整个场景中的任何一个角落的光照强度都是相同的。

在 Unity 中创建新场景时，场景默认会添加有一个定向光对象和一个 Main Camera（主摄像机）对象。读者可以自行尝试调整定向光的位置和旋转，来观察它对于场景的影响。事实上定向光的光照效果完全不受位置的影响，最直观影响定向光光效的因素是角度。在场景中调整定向光的角度为朝正上方，可以明显地看到整个场景变成了黑色，不再有光照的效果。

2. 点光源

点光源是从中心点呈球形向四周辐射同样强度的光。点光源的效果受到范围（Range）和强度（Intensity）的影响。点光源光线的强度会随着距离的增加而减弱，到了某个距离就会减小为 0。光照的强度与距离的平方成反比，这称为平方反比定律，其与真实世界中光照规律基本吻合。

点光源非常适合用来模拟场景中具有特定位置的光源，如灯泡或蜡烛等，也能模拟枪械发射时照亮的效果。一般开枪时枪口闪光的效果是用粒子实现的，但是枪口的火焰瞬间会照亮周围的环境，这时就需要一个短时间出现的点光源来模拟这个效果，以使得开枪的效果更为逼真。

3. 聚光灯

聚光灯从中心呈扇形向某一个方向发出，受扇形角度（Angle）和范围（Range）的影响，扩大扇形角度可以增大辐射范围，但会影响光线的汇聚效果。聚光灯的开口默认是光源所在游戏对象 Z 轴方向。聚光灯可用于表现一些特定的人造光源，如手电筒、车灯或直升机的探照灯等效果。

4. 区域光

区域光在空间中是一个矩形，光线从矩形的表面均匀地向四周发射，但是光线只会来自矩形的一面。区域光不提供设置光照范围的选项，但是因为光线强度受平方反比定律约束，最终光照范围还是会受到光照范围的限制。区域光源会从一个面发射光线到物体上，也就是说物体的表面光线来自许多不同位置、不同方向的发光点，所以得到的光照效果会非常柔和。因此，用区域光会得到一个充满灯光的街道或房间。

区域光在使用时，默认仅对静态（Static）物体且烘焙（Bake）后可见。区域光设置需要两个步骤。第一步，设置游戏对象为静态物体，选择游戏对象，在"检查器"窗口勾选"静态的"（Static）属性，如图 6-15 所示。第二步，在菜单栏选择"窗口|渲染|灯光设置"选项，在"照明"窗口中勾选"自动生成"（Auto Generate），等待 Unity 右下角进度条烘焙完成，这意味着光照贴图已经生成，游戏对象可显示区域光效果。

图 6-15　游戏对象的静态选项

6.2.2　实践案例：室内布光

由于在三维场景中，实时的光照计算需要耗费大量的计算资源，于是就有了烘焙照明与阴影。对固定的场景进行一次烘焙计算，以后不需要每次都重复计算，生成固定的贴图，节约资源。请导入本书的素材文件"6.1.3 室内装饰.unitypackage"到 Assets 文件夹，把 Models 文件夹下的 Apartment 模型拖到"层级"窗口中。

步骤 1：增加区域光。为场景设置合适的光照，如图 6-16 所示。

步骤 2：添加聚光灯。为重点区域提供照明，同时可以考虑灯光的颜色营造特定的冷暖环境，如图 6-17 所示。

步骤 3：把所有灯光设置为"混合"模式，如图 6-18 所示。

步骤 4：打开"照明"对话框（"窗口|渲染|灯光设置"）。勾选"环境光遮蔽"，如图 6-19 所示，这个选项会在物体或物体间内转角或内转折处产生软阴影，如墙内凹角，对于表现细节很有帮助。至此，场景的辅助光和"照明"属性就设置好了。

图 6-16 添加区域光

图 6-17 添加聚光灯

图 6-18　调整光照模式

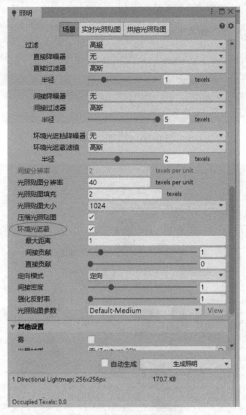

图 6-19　环境光遮蔽

取消勾选"实时光照"选项区域中的"实时全局照明（已弃用）"，也就是只进行烘焙全局光照计算。接着将"混合照明"选项区域中"照明模式"后的下拉列表框中的选项改为"间接烘焙"，最后将"光照贴图设置"选项区域中的"光照贴图器"后的下拉列表框中的选项改为"渐进 CPU"，如图 6-20 所示。

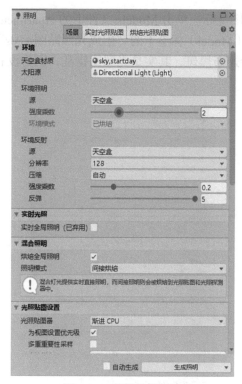

图 6-20　照明烘焙设置

步骤 5：设置静态。选择"层级"窗口中所有需要烘焙的模型物体，勾选"检查器"窗口右上角的"静态的"选项，将所有物体设定为静态，如图 6-21 所示，否则烘焙之后没有阴影和任何效果。

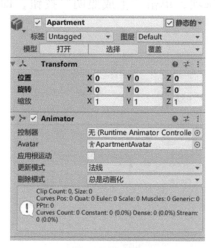

图 6-21　设置静态

步骤6：设置贴图坐标。单击 Models 文件下的 Apartment 模型，需勾选"检查器"窗口"模型"（Model）标签下的"生成光照贴图 UVs"，如图 6-22 所示。否则，烘焙后模型会遍布黑斑，其实是光照图错乱，因为没有贴图坐标，光照图不知道怎么贴。

图 6-22　FBX 模型生成光照贴图

步骤7：烘焙。完成上面的设置，就可以进行场景烘焙了。在菜单栏选择"窗口 | 渲染 | 光照"选项，单击"生成照明"按钮，即可开始光照烘焙，如图 6-23 所示。

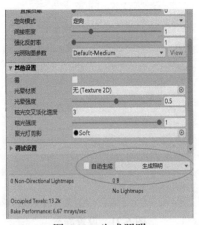

图 6-23　生成照明

烘焙的时间一般较长，烘焙完成后效果如图 6-24 所示，被烘焙的静态物体一般不再移动，所以一般都是完成场景布置后再做烘焙。

图 6-24　场景展示

本章小结

本章重点讲解了材质和光照的设置。在 Unity 中调整物体的材质，使之达到符合现实的特点，并设置光照找到最适合场景的最佳光照设置，可以创建一个符合要求的场景环境。

思考与实践

思考：

1. 什么是材质？包括哪些组成部分？
2. 材质有哪些典型设置？
3. 常见的光源有哪些类型？各有哪些特点？
4. 对于动态物体，已经烘焙的场景光照如何影响非静态的物体？

实践：

1. 尝试为物体设置不同材质。
2. 尝试运用不同光线布置场景灯光，并营造特定的氛围。

第 7 章

用 户 界 面

【学习目标】

1. 知道用户包含的所有控件
2. 理解常用几种控件的组件属性并能够合理应用
3. 了解 Canvas 与其余控件之间的层级关系
4. 知道矩形变换组件的作用
5. 能够识别控件的锚点和轴心在"场景"窗口中的表示

用户界面（UI）是内置于 Unity 中的控件包，包含的主要控件有文本（Text）、图片（Image）、按钮（Button）、滑动条（Slider）、滚动条（Scroll Bar）、单选框（Toggle）、输入框（InputField）、面板（Panel）。本章主要介绍常用的几种 UI 控件。

7.1 常 见 控 件

文本、图片、按钮和滑动条是 Unity 中图形用户界面中最常用的四种 UI 控件。其中，文本和图片控件是最基本的控件，其组件属性参数较为重要。Unity 中的其他 UI 控件可以看作由这两个基本控件组合而成，除特定组件属性外，几乎均涉及文本和图片控件的组件属性。掌握了文本和图片控件的组件属性后，其余控件学习起来就会轻松很多。

7.1.1 文本

在 UI 中，文本（Text）控件是常用的控件之一，属性较为复杂，用户可控制性高，其主要属性参数如图 7-1 所示。

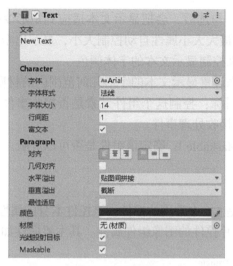

图 7-1　文本属性

（1）文本：是需要显示的文字。

（2）字体：即所显示文字的字体，项目自带字体较少，把需要用到的字体文件导入 Unity 项目中，该参数字体就多起来。

（3）字体样式：即所显示字体的样式。参数有法线、粗体、斜体、加粗与倾斜。

（4）字体大小：即所显示文字的大小。

（5）行间距：可以调节所显示文本行间距大小。

（6）富文本：即富文本开关。默认勾选，勾选后，则启用 HTML 格式标签的文本格式标记，如<B></B>表示字体加粗，<I></I>表示斜体。

（7）对齐：即显示文本的对齐方式。

（8）几何对齐：即几何对齐开关。默认不勾选，勾选后，将使用字形几何的范围来执行显示文本的对齐方式。

（9）水平溢出：控制文本水平方向显示范围。选择"贴图间拼接"，则显示文字范围受到矩形变换（Rect Transform）组件的宽度限制，即超过矩形变换组件宽度的文字会被隐藏。选择"溢出"，则显示文字范围不会受到矩形变换组件的宽度限制。

（10）垂直溢出：控制文本垂直方向显示范围。参数有两个：截断（Wrap）、溢出（Overflow）。选择"截断"，则显示文字范围受到矩形变换组件的高度限制，即超过矩形变换组件高度的文字会被隐藏。选择"溢出"，则显示文字范围不会受到矩形变换组件的高度限制。

（11）最佳适应：勾选后，会把显示文本适应到矩形变换组件内，并通过用户设置的最小大小和最大大小属性自动控制大小，显示出全部文本内容。

（12）颜色：用来控制显示文本的字体颜色。

（13）材质：用来设置显示文本的字形几何范围内的材质。

（14）光线投射目标：控制这个组件元素是否接收事件的开关。默认勾选，勾选后，该元素可以接收处理事件。

（15）可屏蔽（Maskable）：确定该组件是否可以屏蔽。

7.1.2　图片

图片（Image）是 UI 中常用的控件，该控件本身的属性较为简单，在 UI 中很多控件都用到了图片控件的图像组件属性。其主要属性如图 7-2 所示。

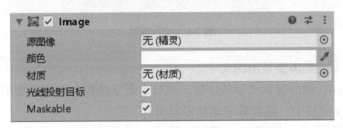

图 7-2　图片控件的图像（Image）组件的属性

（1）源图像：默认为"无（精灵）"。该项是设置所需要显示的图片。需要注意的是，在使用该属性之前，需要更改导入图片纹理类型为 Sprite（2D 和 UI），如图 7-3 所示。

图 7-3　更改导入图片纹理类型

（2）颜色：默认为"无"。该项可以设置图片显示的整体颜色。

（3）材质：默认为"无（材质）"。该项是设置所显示图片的材质。

（4）光线投射目标：控制这个组件元素是否接收事件的开关。默认勾选，勾选后，该元素可以接收处理事件。

（5）可屏蔽（Maskable）：确定该组件是否可以屏蔽。

另外，在设置了源图像的显示图片后，该组件会动态生成如图 7-4 所示的属性。

图 7-4 动态生成属性

（6）图像类型：该属性默认为"简单"。"简单"（Simple）是指不进行任何变形或切割，以原始尺寸来呈现图像；"切片"（Sliced）是指在调整图像尺寸时，会在中心区域重复平铺图像，适用于需要平铺纹理的 UI 元素；"平铺"（Tilled）是指将图像分为 9 个部分（四个角、四个边和中心区域），在调整图像尺寸时，角落和边缘保持不变，只有中心区域发生变化；"填充"（Filled）是根据填充方法和填充量来显示图像的，适用于创建进度条、冷却计时器等 UI 元素。

（7）设置原生大小：此项是设置图片显示大小为导入的原尺寸大小。

7.1.3 按钮

按钮（Button）是 UI 中常用的交互控件，与其关联的控件包括一个文本控件。当在 Unity 中新建一个按钮元素时，会自动生成如图 7-5 所示的层级目录。在"检查器"窗口中会出现 Image（图像）组件属性，如图 7-6 所示，该属性各项参数与图片控件的图像组件属性相同，可以用来更改按钮背景。按钮的按钮组件主要属性如图 7-7 所示。

图 7-5 新建按钮的层级目录

图 7-6 按钮控件的图像组件属性

按钮控件的图像组件属性有部分与图片控件的图像组件属性相同，此处不再重复讲解。

图 7-7　按钮对象的按钮组件属性

（1）可交互性（Interactable）：默认勾选。用来控制按钮是否可以交互。

（2）过渡：用于设置按钮在不同状态间的过渡效果。过渡总共有四种方式："无"（None）是指无过渡效果；"颜色色彩"（Color Tint）是指设置不同状态不同颜色来过渡；"精灵交换"（Sprite Swap）是指设置不同图片来过渡不同状态；"动画"（Animation）是指设置不同动画过渡不同状态。

（3）目标图形：指单击按钮时，所需要控制变化的目标图形。默认是此按钮本身，也可以选择其他控件对象。

（4）正常颜色：用来设置目标图形正常显示时的颜色。

（5）高亮颜色：用来设置鼠标移入按钮时目标图形的颜色。

（6）按下颜色：用来设置按钮被按下时目标图形的颜色。

（7）已选择颜色（Selected Color）：用来设置按钮被选中后目标图形的颜色。

（8）已禁用颜色：用来设置当按钮被禁用时目标图形的颜色。

（9）色彩乘数：用来设置目标图形的颜色切换系数，表示颜色切换速度，数值越大则颜色在几种状态间的变化速度越快。

（10）淡化持续时间：用来设置目标图形每个颜色过渡时，上一个颜色消失淡化的时间，数值越大则变化越不明显。

（11）导航：控制此按钮与其他控件对象间的导航模式。配合"可视化"按钮可以在场景中设置可导航控件间的导航模式。该属性共有四个参数："关闭"（None）是指关闭导航，即当选中按钮按下键盘方向键时不会导航到其他控件；"自动导航"（Automatic）是指自动识别并导航到下一个控件，即当选中按钮按下键盘方向键时会自动根据按键方向导航到其他控件；"水平导航"（Horizontal）是指水平方向导航到下一个控件，即当选中按钮按下键盘方向键时按照水平方向导航到其他控件；"垂直导航"（Vertical）是指垂直方向导航到下一个控件，即当选中按钮按下键盘方向键时按照垂直方向导航到其他控件；"指定导航"（Explicit）是指特别指定在按下特定方向键时从此按钮导航到哪一个控件。

（12）鼠标单击（On Click）：给按钮添加响应事件。

7.1.4 滑动条

滑动条（Slider）控件是一个组合控件，除了其本身的滑动条组件属性外，其子对象均是由特定的图像控件组合而成的，其主要层级在视图中的显示如图 7-8 所示。

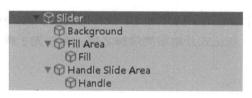

图 7-8　Slider 层级

其中，子对象 Background、Fill、Handle 均继承自图片控件，拥有图片控件的属性。Background 可用来设置初始滑动槽的背景样式，Fill 可用来设置滑过的滑动槽的背景样式，Handle 可用来设置滑块的背景样式。Fill Area 和 Handle Slide Area 两个子对象可用来定位和限制 Fill 和 Handle 范围。

滑动条的 Slider 组件属性如图 7-9 所示。其图像组件与按钮控件的图像组件相同，此处不再重复讲解。

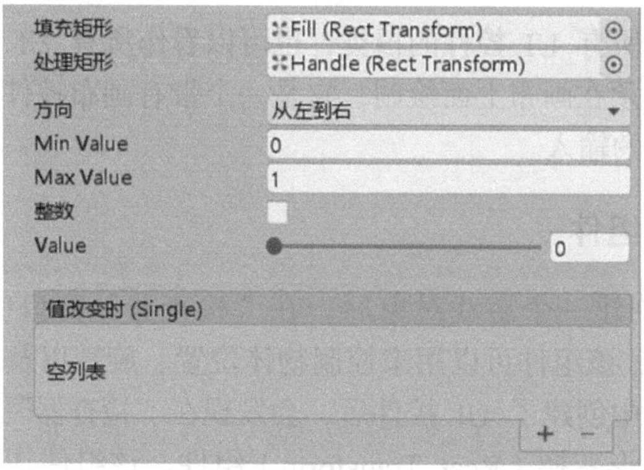

图 7-9　滑动条的 Slider 组件属性

（1）填充矩形：滑块与最小值方向所构成的填充区域所要使用的填充矩形。

（2）处理矩形：当前值处于最小值与最大值之间比例的显示范围，也就是整个滑动条的最大可控制范围。

（3）方向：用来控制滑动条的方向。

（4）最小值（Min Value）：滑动条的可变化最小值。

（5）最大值（Max Value）：滑动条的可变化最大值。

（6）整数：勾选后，拖动滑动条将按整型数（最小为 1）进行改变。

（7）值（Value）：当前滑动条对应的值。

（8）值改变时（Single）：值改变时触发消息。

7.2　UI 控件的应用案例

本节将通过一个综合的案例介绍 UI 控件的使用步骤，同时也会补充讲解其他控件的部分属性。在正式开始案例讲解之前，需要先了解 Canvas（画布）控件和矩形变换组件。

7.2.1　画布控件

细心的读者可能会发现，当在 Unity 中创建 UI 控件时，在"层级"窗口中不但会生成创建的控件，还会同时创建一个画布（Canvas）和一个事件系统（EventSystem），如图 7-10 所示。

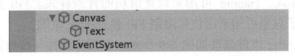

图 7-10　自动创建的画布和事件系统

其中，画布是所有 UI 控件的根类，也可以看作所有 UI 控件的父物体，所有的 UI 控件都必须在画布上面绘制，它是一个带有画布控件的游戏对象。事件系统负责监听用户的输入。

7.2.2　矩形变换组件

在 Unity 中创建一个游戏对象后，在"检查器"窗口中会生成一个变换（Transform）组件，该组件可以用来控制物体位置、旋转以及缩放，使用起来较为简单。而在 UI 中创建了 UI 控件后，会发现在"检查器"窗口中生成了一个类似的组件——矩形变换（Rect Transform）组件。该组件其实是继承自变换组件，在 UI 的控件中可以用来设置控件的锚点、轴心、旋转以及缩放等。

锚点（Anchor）：用来设置 UI 控件相对于父对象的位置，一般由两个 Vector2 的向量决定，这两个向量先确定两个点，归一化坐标分别是最大和最小，再由这两个点确定一个矩形，这个矩形的四个顶点就是锚点。在"层级"窗口中新建 UI 文本控件，可以在"检查器"窗口中看到如图 7-11 所示的属性参数。

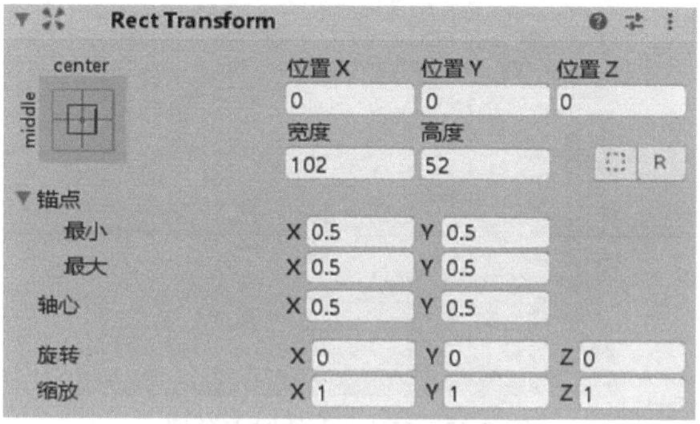

图 7-11　锚点属性参数

在最小的 X、Y 值分别小于最大的 X、Y 值时，最小的 X、Y 值确定矩形左下角的归一化坐标，最大的 X、Y 值确定矩形右上角的归一化坐标。刚创建的文本控件，其锚点的最小 X、Y 默认值为（0.5，0.5），最大 X、Y 默认值为（0.5，0.5），即两者重合了，四个锚点合并成一个点。锚点在"场景"窗口中的表示如图 7-12 所示，由四个小三角形组合成风车模样的就是锚点。

图 7-12　锚点在"场景"窗口中的表示

Unity 提供了几个预置的锚点设置，可以方便使用者快速地进行设置，如图 7-13 所示。可以通过选择不同的预置锚点，观察在"场景"窗口中锚点的状态变化以及在"检查器"窗口中的属性变化。

轴心（Pivot）：用来指示一个矩形变换的中心点，当对控件单独进行定位、旋转和缩放操作时，都将以轴心为参考点进行，属性参数 X 和 Y 分别是轴心相对

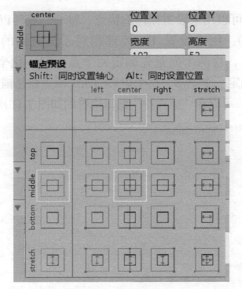

图 7-13　Unity 中的锚点预置

于控件的 Rect（图 7-14 的白色矩形框）左下角顶点（图 7-12 中左下角蓝色实心点）的位置数值。在"场景"窗口中的表示如图 7-14 所示，其中蓝色空心小圆圈就是轴心。如果无法看见，需要手动选择顶部工具栏中的矩形工具，或者按下快捷键 T。

图 7-14　轴心在"场景"窗口中的表示

在 Unity 中，子级 UI 控件在父级 UI 控件中的定位常常是由子级控件的锚点和轴心共同作用完成的。

7.2.3　实践案例：主界面设计

简单介绍完画布控件和矩形变换组件后，开始利用所学过的控件设计一个主界面，最终制作效果如图 7-15 所示。

图 7-15   主界面设计最终效果

步骤 1：新建一个 3D 项目并新建一个名为 Images 的文件夹，导入本书配套素材 bg.png 和 button.png 两张素材图片到该 Images 文件夹中。选中导入的图片，在"检查器"窗口中修改纹理类型为 Sprite（2D 和 UI），然后单击最下方的"应用"按钮。修改后如图 7-16 所示。

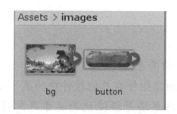

图 7-16   修纹理类型后的图片素材

步骤 2：在 Unity "层级"窗口中新建一个 Canvas，选中 Canvas 控件，在其中添加 1 个图片控件、1 个文本控件和 4 个按钮控件。将图片控件命名为 bg，图像源设定为 bg；文本控件命名为 title，其文本设定为 "AR 恐龙世界"；按钮控件分别命名为 bt1、bt2、bt3、bt4，图像源设定为 button。设定完成后的"层级"窗口如图 7-17 所示。

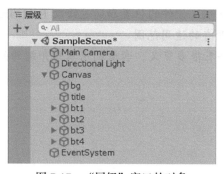

图 7-17   "层级"窗口的对象

步骤 3：本步主要是设定一些细节。在"游戏"窗口中将分辨率设定为 1280×720；按钮以 2×2 的布局排列，将按钮文本分别设定为"进入扫描"、"进入测试"、"学习记录"、"退出"，并设置字体和描边。

本章小结

本章介绍了 Unity 的图形用户界面，详细介绍了文本、图片、按钮和滑动条四个常用的控件及其组件属性，并通过一个 UI 实际案例讲解了各个控件的使用方法，在实际使用过程中，常常需要将各个控件结合使用。对于 Canvas 画布和 Rect Transform，读者可以在实践中不断摸索，学会更加丰富的属性设置。还有其他在本章没有提到的控件，是在实际开发中使用频率相对较低的，若遇到需要使用的场景，读者可以参照已经介绍控件的组件属性自行学习。

思考与实践

思考：

1. UI 控件的组件特点。

2. UI 控件与组件之间的关系。

3. 对于图片控件，其图像组件在其他控件中的属性设置有哪些相似的地方？

4. Canvas（画布）控件与场景摄像机的关系是怎样的？包括位置关系和视角显示。

5. UI 控件的轴心和可视区域中心的区别。

实践：

1. 学习富文本的标签，了解更多适用于 UI 的文本控件的标签，制作样式更加丰富的文本。

2. 尝试将 UI 中的滑动条控件用于调整音量、显示进度条等用途。

3. 尝试用鼠标调整 UI 控件的位置和通过修改 Rect Transform 的属性参数控制控件的位置，体会两者的适用范围。

4. UI 控件的组件有很多交叉，尝试利用本章介绍的知识，学习使用其他的 UI 控件。

第8章

动 画 系 统

【学习目标】

1. 了解 Unity 中动画系统的构成
2. 学会编辑制作 Animation 动画
3. 学会编辑 Animator 状态机

Unity 内置了一个丰富而复杂的动画系统,支持在 Unity 内制作动画,也支持从外部导入动画。Unity 的动画系统使动画师与工程师之间的工作更加独立,使动画师能够在挂入游戏代码之前为动画构建原型并进行预览。Unity 中的动画主要有三种来源:①在 Unity 引擎中制作动画;②从外部工具(如 3ds MAX、Maya 等)导入动画;③使用程序代码制作动画。

8.1 在"动画"窗口中制作动画

在 Unity 中制作动画需要用到"动画"(Animation)窗口,可以通过菜单栏"窗口 | 动画 | 动画"选项得到,快捷键是 Ctrl+F6。通过该窗口可以创建、编辑动画。"动画"窗口同一时间只能查看、编辑同一段剪辑(Clip)中的动画。动画适合单个物体(及其子物体)的动画编辑。在 Unity 中制作动画一般分为以下几个步骤:①打开"动画"窗口;②选中要制作动画的物体;③创建新的动画剪辑(Animation Clip);④编辑、预览、修改动画剪辑。

8.1.1 创建动画剪辑

在"场景"窗口中选中要制作的动画剪辑,这时"动画"窗口会有以下两种状态。

状态 1:该物体上没有动画,可以单击"动画"窗口中间的"创建"按钮创建动画剪辑，如图 8-1 所示。

图 8-1　"动画"窗口（没有动画的情况）

在图 8-1 中，单击"创建"按钮后，会弹出一个对话框，可以设置保存动画剪辑的位置。为了保持工程文件目录的整洁，不要保存在工程根目录，建议保存在自己创建的 Animations 文件夹中。

保存完毕后，原先没有动画的物体上会自动附加一个动画器（Animator）组件，动画剪辑只是一段动画数据，可以把它类比成视频文件，而 Animator 组件是一个播放器，用来控制动画的播放、多个动画片段之间的切换等，如图 8-2 所示。

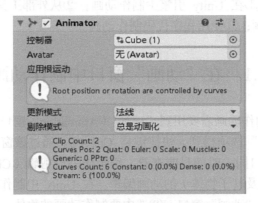

图 8-2　自动生成的 Animator 组件

状态 2：该物体上已经有动画，会在"动画"窗口中显示一段动画的关键帧，可以看到左上角的"预览"、"录制"、"播放"、"添加关键帧"等按钮。通过"已有动画"下拉列表切换预览动画、创建新动画，可以选择"创建新剪辑"选项来创建新的动画剪辑，如图 8-3 所示。

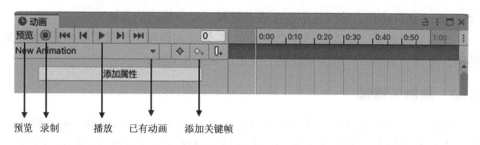

图 8-3 "动画"窗口（已有动画）的功能按钮

Animator 组件的第一个属性是"控制器"（Controller），对应到工程目录中的文件是一个 Animator Controller 类型的文件，可以在这个文件中定义动画剪辑之间如何进行切换。双击这个文件会打开 Unity 的"动画器"窗口，并显示该文件中的内容，如图 8-4 所示。后面会细讲 Animator 组件，在此不再展开介绍。

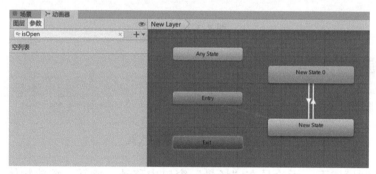

图 8-4 "动画器"窗口

8.1.2 制作动画

创建了动画剪辑后，就可以开始制作动画了。"动画"窗口有两种模式：关键帧记录模式和预览模式，如图 8-5 和图 8-6 所示。

图 8-5 关键帧记录模式

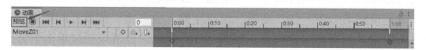

图 8-6 预览模式

在录制模式下，当对物体进行改动（如移动、旋转、缩放、修改属性等）

时，Unity 会自动在当前时间位置生成关键帧，记录修改的属性。

在预览模式下，修改物体不会自动创建/修改关键帧，如果需要创建/修改关键帧，需要手动单击"添加关键帧"按钮，如图 8-3 所示。

8.1.3 录制关键帧

单击"录制"按钮后，就进入了录制状态。可以通过在时间轴上拖动修改当前所在的时间位置，如图 8-7 所示。也可以通过修改当前帧数输入框中的数字，修改时间轴的位置，如图 8-8 所示。默认情况下，动画的帧速率是 60，即每秒播放 60 帧。

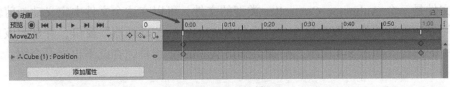

图 8-7　时间轴

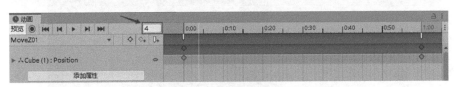

图 8-8　当前帧数输入框

在录制模式下，无论是在"场景"窗口中移动、旋转、缩放物体，还是在"检查器"窗口中修改物体组件的属性（Unity 动画支持的属性），Unity 都会自动在动画剪辑的当前时间上添加关键帧保存，如图 8-9 所示。

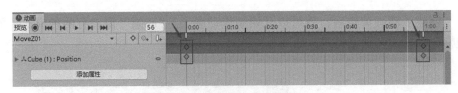

图 8-9　添加保存的关键帧

编辑完动画后，可以再次单击"录制"按钮退出录制模式，避免后续对物体的操作被记录到动画中。在"动画"窗口左侧，会多出一些设置的属性，这些属性就是所被记录的动画属性列表，如图 8-10 所示。也可以通过单击下方的"添加属性"按钮手动添加需要被动画记录的其他属性。

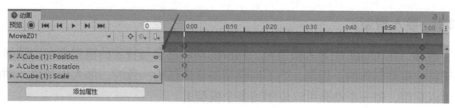

图 8-10　动画属性设置

8.1.4　手动创建关键帧

手动创建关键帧，可以通过单击"动画"窗口的"添加关键帧"按钮来记录当前属性列表中选中属性的关键帧，如果当前没有选中任何属性，则会记录所有属性，如图 8-11 所示。

图 8-11　添加关键帧按钮

8.1.5　预览动画效果

单击"动画"窗口中的"播放"按钮，就可以在"场景"窗口中预览动画，如图 8-12 的箭头所示。

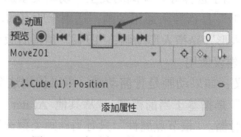

图 8-12　动画窗口的"播放"按钮

8.2　从外部导入动画

在 Unity 中只能制作比较简单的动画，要想制作复杂的动画，如人物跳舞的动画，那就需要在 3ds MAX、Maya 或 Blender 等软件中制作生成"*.fbx"格式的文件，然后导入 Unity 中使用。

8.2.1　导入模型

通常，在 Unity 中导入模型时，相应的动画都会与特定的模型绑定，动画是基于特定模型制作的。但是，当不同模型的骨骼结构一致时，如人形角色，动画就可以重用，即一个动画可以应用到多个模型上。

8.2.2　导入动画设置

首先将"*.fbx"格式文件导入 Unity 中，选中模型。在"检查器"窗口中会显示模型的导入设置，如图 8-13 所示，和动画有关的设置包含 Rig 和 Animation 两个标签。

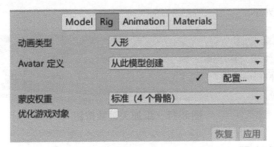

图 8-13　动画设置相关的标签

在 Rig 标签有如下参数可以设置。

（1）动画类型：用于选择导入动画的类型。动画类型选项有 4 个："无"是指不导入动画；"泛型"是指导入通用动画，适用于所有的动画类型，特别适用于非人形的动画；"人形"是指人形动画；"旧版"是指旧版本动画，是为了兼容 Unity3.x 旧版本，不建议使用。

（2）Avatar 定义：如果动画是骨骼动画，可以使用这个选项定义骨骼的来源。"从此模型创建"是指基于当前模型；"从其他 Avatar 复制"是指从另一个模型的 Avatar 复制骨骼。"根节点属性"只有当动画类型选择"泛型"时显示，可以用来设置动画的根节点。一般需要选中骨骼的根节点。

（3）"配置"按钮：选中"人形"时显示，用来配置骨骼。

（4）蒙皮权重（Skin Weights）：用来设置有多少骨骼会影响蒙皮，骨骼数越多，动画越精准，但是计算量越大，对性能要求越高。Standard（4 Bones）是指4 块骨头；"自定义"是指可以设置最大的骨骼数量以及最小的影响权重。

在 Animation 标签会显示动画导入的设置。如果 Rig 标签中的"动画类型"选择了"无"，则无法设置 Animation 相关的属性，如图 8-14 所示。

图 8-14　Animation 标签

（1）导入约束：是否导入约束（Constraints）。

（2）导入动画：是否导入动画，如果不勾选代表不导入动画，下面的选项也会隐藏。

关于动画的剪辑读者可以自行查阅资料，在这里不再详细介绍。

8.3　动画播放与切换

前面提到，Unity 中的动画主要有两种来源——在 Unity 中制作和外部导入。无论哪一种来源，最终在 Unity "项目"窗口中都会生成一些动画剪辑，这是整个动画系统的基本元素，在 Unity 中负责播放这些动画剪辑的就是动画器（Animator）组件。

8.3.1　动画器组件

动画器（Animator）组件可以通过在检查器中单击"添加组件"按钮添加，其属性如图 8-15 所示。

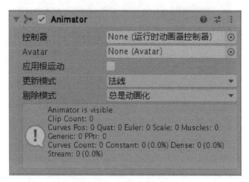

图 8-15　Animator 组件

（1）控制器：Animator 组件中一个很重要的属性，这个属性引用的是动画器的控制器（Animator Controller）的资源，这种资源以文件的形式存储在工程中，文件内存储了动画的各种状态以及状态之间的切换规则。

（2）虚拟化身（Avatar）：用来设置使用的骨骼节点映射。"应用根运动"属性如果不启用，动画播放时根节点会保持在原地，需要通过脚本控制物体的移动；当该属性启用时，如果动画中有运动，动画中的运动会换算到根节点中，根节点会发生运动。

（3）更新模式：设置动画器更新的时机以及 Time.timeScale 的设置。其选项有三个："法线"是指按正常的方式更新（即随着系统调用更新，Time.timeScale 减小时，动画播放也会减慢）；"动画物理"是指会按照物理系统的频率更新（根据固定时间调用更新），适用于物理交互，例如，角色加上了物理属性可以推动周围的其他物体；"未缩放的时间"是指根据系统调用更新，无视 Time.timeScale。一般用于 UI，当使用 Time.timeScale 暂停游戏时，界面保持正常动画。

（4）剔除模式：动画的裁剪模式，其选项有三个："总是动画化"是指动画一直运行，即使物体在屏幕外被裁剪掉并没有渲染；"剔除更新变换"是指当物体不可见时，禁用 Retarget、IK、Transforms 的更新；"完全剔除"是指当物体不可见时，完全禁用动画。

8.3.2 动画器控制器

动画器控制器（Animator Controller）是 Animator 组件必需的资源，这种资源以文件的形式存储在工程中，文件内存储了动画的各种状态以及状态之间的切换规则。从本质上来说，动画器控制器是一个内置在 Unity 中的专门用于动画控制的"状态机"组合。其文件图标如图 8-16 所示。

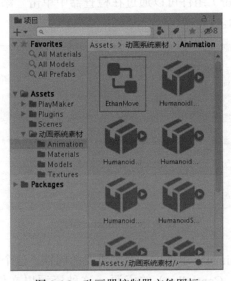

图 8-16　动画器控制器文件图标

通常一个物体上有不止一段动画，使用动画器控制器可以很容易地管理各段动画以及动画之间的切换。例如，角色身上有走、跑、跳、蹲等动画，使用动画器控制器可以很容易地管理它们。但是，即使只有一段动画，仍然需要给动画物体添加动画器控制器组件才能播放动画。

动画器控制器中使用了一种叫状态机（State Machine）的技术来管理状态以及状态之间的切换，8.3.3 节将详细介绍。

8.3.3 状态机

状态机由状态（State）和过渡（Transition）组成。在动画器控制器中一个状态可以包含一段动画、一个子状态机或一个混合树（后面会详细介绍）。过渡用来设置状态之间的切换条件，一般会有一个或多个条件，用于从一个状态切换到另一个状态，如图 8-17 所示。

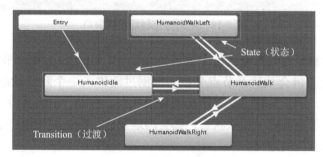

图 8-17　状态机中的结构

在"动画器"窗口中，可以可视化看到状态以及过渡。

8.3.4 创建动画器控制器

创建动画器控制器资源有如下几种方式。

（1）在 Unity 中创建动画剪辑（Animation Clip）时，如果选中的游戏对象（Game Object）上没有动画器（Animator）组件，会自动添加动画器组件并在工程中创建一个动画器控制器文件（和动画剪辑文件同目录）。

（2）将任意动画剪辑拖动到一个物体上时，如果该物体上没有动画器组件，会自动添加动画器组件并在工程中创建一个动画器控制器文件（与动画剪辑文件同目录）。

（3）在"项目"窗口中，右击 Assets 文件夹的空白处，在弹出的快捷菜单中选择"创建|动画器控制器"选项手动创建动画器控制器文件。

8.3.5 编辑动画器控制器

双击创建的动画器控制器文件，可以打开"动画器"窗口，编辑该文件。

在"项目"窗口中直接创建动画器控制器时，其中是不包含任何动画的，如图 8-18 所示。

图 8-18 动画器控制器编辑窗口

动画器控制器的编辑窗口包含 Entry、Exit 和 Any State 三个节点。Entry 即入口，动画状态机会从这个节点开始，根据过渡进入一个默认状态；Any State 是指任意状态，用于从任意状态转换到特定状态，例如，射击类游戏中，如果被子弹打中，不管当前处于什么状态，都会倒地死亡；Exit 是指退出状态机，一般用于嵌套的状态机的退出。

1. 添加状态

可以右击动画器控制器编辑窗口的空白处，在弹出的快捷菜单中选择"创建状态|空"选项来添加状态，如图 8-19 所示，也可以将动画剪辑文件拖到动画器控制器编辑窗口中添加一个状态（State）。

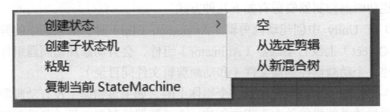

图 8-19 创建新状态

可以从"项目"窗口选定动画剪辑文件拖动到动画器控制器编辑窗口，如图 8-20 所示，创建一个状态（State）。

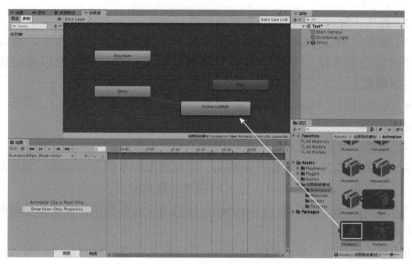

图 8-20　拖入动画剪辑创建动画状态

将动画剪辑拖入动画器控制器编辑窗口后会形成一个新状态。Entry 状态与该状态之间产生一个带方向的线段，该线段称为过渡。这样在运行时，将播放该动画剪辑。

2. 状态设置

每个状态可以包含一段动画剪辑，处于该状态时动画器组件所在的物体会播放该动画。选中一个状态时，在"检查器"窗口中可以看到如图 8-21 所示的内容。

图 8-21　动画剪辑的属性参数

（1）运动（Motion）：设置一个动画剪辑，如果是从动画剪辑创建的动画，这里应该已经有动画了，也可以从工程项目中选择动画。

（2）速度（Speed）：用来设置动画的播放速度。

（3）乘数（Multiplier）：使用一个参数来控制动画的播放速度，动画最终的播放速度会是速度×乘数。后面会讲解动画器控制器的参数以及如何在代码中控制参数。

（4）运动时间（Motion Time）：设置单位化时间，范围是0～1，需要使用参数控制。

（5）镜像：设置镜像动画，也可以使用一个参数控制。

（6）周期偏移 X：设置循环偏移量，可以用来同步循环的动画，偏移量使用的是单位化时间，范围是0～1，也可以使用参数来控制。

（7）脚步反向控制系统（Foot IK）：只能用于人形动画，设置角色的脚是否使用反向动力学。

（8）写入默认值（Write Defaults）：设置在此状态结束时是否应写入动画剪辑的默认姿势。

（9）过渡（Transitions）：设置该状态参与的状态转换。

3. 参数设置

动画器控制器中的参数可以作为控制过渡的条件，如图 8-22 所示；也可以控制上面可以参数化的属性，如状态设置中的几个属性，如图 8-23 所示。

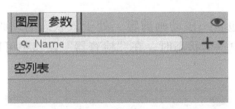

图 8-22　控制切换的参数

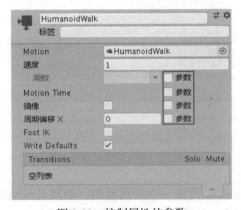

图 8-23　控制属性的参数

　　动画器控制器的参数可以通过程序代码进行控制，进而控制整个动画器状态机的运转，用于控制动画状态之间平滑切换的参数类型包括 Int（整数类型）、Float（浮点类型）、Bool（布尔类型）和 Trigger（触发器类型）。

　　4. 添加过渡

　　过渡（Transition）代表状态之间的切换条件，一般会有一个或多个条件，用于从一个状态切换到另一个状态。在一个状态上右击，在弹出的快捷菜单中选择"创建过渡"选项，可以创建一个到其他状态的过渡，也就是图 8-24 中带箭头的白线。

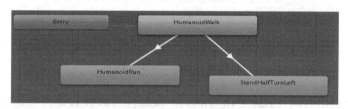

图 8-24　创建过渡

　　单击代表过渡的白线，可以在"检查器"窗口中看到这条过渡的具体情况，如图 8-25 所示。

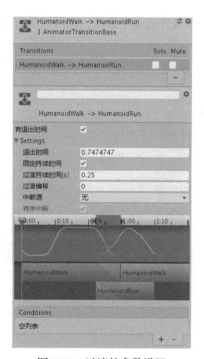

图 8-25　过渡的参数设置

过渡的属性用于显示当前选中的过渡。后面有两个复选框包括 Solo 和 Mute。

（1）独立播放（Solo）：如果两个状态之间有多条过渡，勾选这个选项后，它将独立播放，而不是与其他过渡或动画混合。

（2）禁播（Mute）：勾选这个选项后，该过渡会被禁用。如果同时选中了 Solo 和 Mute，Mute 会优先生效。

（3）属名称框（Name Field）。如图 8-26 所示，可以给过渡命名，用于区分两个状态之间的多个过渡时非常有用。

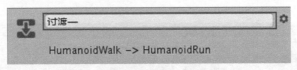

图 8-26　Name Field 名称框

（4）有退出时间（Has Exit Time）：该属性可以设置是否有退出时间条件。"退出时间"是一种特殊的过渡条件，它没有依赖参数（下面会讲），而是根据设置的退出时间点作为条件进行状态转换。

5. 条件

一个过渡可以添加一个条件或多个条件，也可以没有条件，如图 8-27 所示。

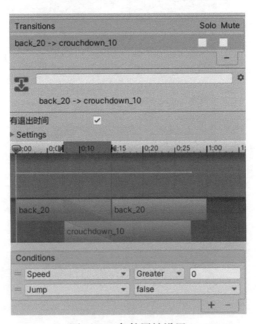

图 8-27　条件属性设置

　　条件（Conditions）用于确定在何时触发状态转换，可以设置多个条件来满足不同的需求，可以通过单击图 8-24 的过渡（白线）来设置。下面是一些常见的设置方法。

　　（1）布尔条件：可以创建一个布尔参数（Bool Parameter），如"IsRunning"或"IsJumping"，然后在过渡中设置条件来检查该参数的状态。例如，可以设置条件为"IsRunning"为 true 来在角色跑步时触发转换。

　　（2）浮点条件：可以创建一个浮点参数（Float Parameter），如 Speed，并根据该参数的值设置条件。例如，可以设置条件为 Speed 大于某个特定值来触发转换。

　　（3）整数条件：可以创建一个整数参数（Int Parameter），如 Health，并根据该参数的值设置条件。例如，可以设置条件为 Health 小于等于 0 来在角色生命值为 0 时触发转换。

　　（4）触发器条件：可以创建一个触发器参数（Trigger Parameter），如 Attack，并在适当的时候设置该触发器为 true 来触发转换。触发器参数只需要在转换的条件中设置为 true，不需要手动重置为 false。

本章小结

　　本章介绍了 Unity 的动画系统，详细介绍了如何在 Unity 中制作动画、从外部导入的动画如何设置以及如何在 Unity 中通过动画控制器来播放与切换动画。其中，比较重要的是动画的播放与切换，读者需要掌握动画器控制器用法，结合后面的章节进一步学习。

思考与实践

思考：

1. Unity 中制作动画的方式与生活中的哪些场景比较相似？

2. 在"动画"窗口中创建关键帧的方法有哪些？

3. 动画器组件、动画器控制器和状态机之间的关系是怎样的？

实践：

1. 在 Unity 中制作一个立方体旋转的左转和右转的动画各一个。

2. 尝试使用动画器控制器控制立方体播放左转或右转。

第三篇

交互设计篇

　　交互是虚拟现实教学软件的灵魂，离开交互的虚拟现实无疑无法调度身体的多重感官进入沉浸式学习环境。本篇以 PlayMaker 插件作为交互开发工具，重点探讨输入交互、触发交互、空间运动交互、动画交互、UI 交互等交互方式。

第 9 章

PlayMaker 概述

【学习目标】

1. 了解 PlayMaker 的价值和用途
2. 掌握 PlayMaker 的下载和安装方法
3. 理解 PlayMaker 中状态机的基本操作
4. 能利用 PlayMaker 设计交互案例

有限状态机（finite-state machine，FSM）表示有限个状态以及在这些状态之间的转移和动作等行为的数学模型。PlayMaker 正是一款以状态机思想为基础专门为 Unity 开发的交互设计插件。PlayMaker 提供了一套可视化的交互设计方案，让用户可以无须学习 C#程序设计，就能在已设计和厘清交互逻辑的前提下在 Unity 中实现交互控制。

9.1 获取与安装

PlayMaker 可以通过两种方式下载获取，但它并非免费插件。在 Asset Store 搜索 PlayMaker，如图 9-1 所示。或是从 PlayMaker 官方网站（https://hutonggames.com/store.html）下载。

PlayMaker 插件导入后会出现图 9-2 所示的欢迎界面，单击 Install PlayMaker 按钮进行安装。

安装成功后，在项目的 Assets 文件夹中会多出 Gizmos、PlayMaker 等文件夹，在菜单栏会多出 PlayMaker 菜单。选择 PlayMaker | PlayMaker Editor 选项，即可打开 PlayMaker 编辑窗口，如图 9-3 所示。

图 9-1　在 Asset Store 下载 PlayMaker

图 9-2　PlayMaker 安装欢迎界面

图 9-3　PlayMaker 编辑窗口布局

　　PlayMaker 编辑窗口由五部分组成，分别是选择工具栏、图形视图、调试工具栏、查看器面板和偏好设置。单击"首选项"（Preference）按钮，可以对 PlayMaker 的语言等进行设置，中文用户一般选择 Chinese Simplified，如图 9-4 所示。

图 9-4　PlayMaker 编辑窗口的语言设置

　　查看器面板包括四个标签。具体是：①"状态机"（FSM Inspector）主要用于编辑状态机的相关属性，包括状态机的名称、描述信息等；②"状态"（State Inspector）主要用于编辑状态的属性，包括状态的名称、状态包含的动作等；③"事件"（Event Manager）主要用于编辑状态机使用的事件，包括添加、删除操作等；④"变量"（Variable Manager）主要用于编辑状态机使用的变量，包括添加、删除操作等。

9.2　基 础 操 作

　　PlayMaker 交互设计的核心是有限状态机，它主要负责组织各个离散的状态。状态机通常包含五个元素：①START 起始事件（Start Event），②状态（State），③事件（Event），④过渡（Transition），⑤全局过渡（Global Transition）。如图 9-5 所示，就是一个很常见的状态机。

　　PlayMaker 的使用逻辑非常清晰：构建有限状态机，通过事件来驱动多个状态之间的变换。

　　（1）状态。每个对象存在的可能性称为一个状态，一个对象在某一时刻只可能处于一个状态，不可能同时处于多个状态。

　　（2）过渡。状态之间的有方向连接，称为从一个状态转到另外一个状态的过渡。

　　（3）事件。产生过渡的条件或原因称为事件。

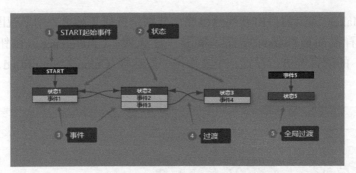

图 9-5　PlayMaker 用状态机控制对象

（4）动作。对于每一个状态，为了维持这一状态，其内部包括一个或多个动作。

这种把多个状态连接到一起、共同表现对象状态变换的方式，就称为有限状态机。这种由"状态-事件-动作"构成的有限状态机描述逻辑，正是 PlayMaker 替代 C#程序，控制 Unity 对象的基础。

9.2.1　状态机管理

1. 添加状态机

在 Unity"层级"窗口中选择立方体对象，在 PlayMaker 编辑窗口空白处右击，选择"添加状态机"选项，可以添加默认名称的状态机。该状态机中包含一个 START 事件和一个状态（默认名为 State1），如图 9-6 所示。状态机是否添加成功，有三个标志：一是在对象后面会出现一个汉字"玩"的红色标志，二是在 PlayMaker 编辑窗口会出现 START 事件和一个状态，三是在对象的"检查器"窗口会出现 PlayMakerFSM 组件。

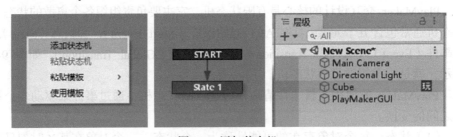

图 9-6　添加状态机

2. 删除状态机

在当前对象的"检查器"窗口，单击如图 9-7 中箭头所示的位置，在弹出菜单中选择"移除组件"选项，即可删除状态机。

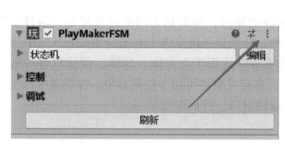

图 9-7　状态机的删除

9.2.2　状态管理

状态的操作包括添加状态、状态重命名和删除状态三种类型。在 PlayMaker 编辑窗口空白处右击，选择"添加状态"选项，可以添加默认名称的状态，在"状态"管理器可将其状态名称修改为"绿色"，把 State1 状态名修改为"蓝色"，如图 9-8 所示。

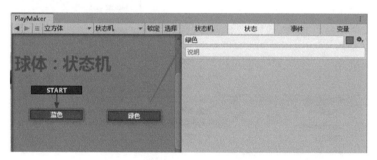

图 9-8　状态重命名

在状态上右击，选择"删除状态"选项，可以删除该状态，如图 9-9 所示。

图 9-9　状态的删除

9.2.3 事件管理

事件是状态机中触发状态过渡的原因，所有状态间的过渡都是由事件触发的。PlayMaker 事件的类型有三种，分别是系统事件（System Events）、UI 事件（UI Events）和自定义事件。系统事件适用于立方体、球体、摄像机等一般对象，UI 事件仅适用于 UI 对象，而自定义事件可用于任何对象。在场景中添加一个立方体对象，打开 PlayMaker 编辑窗口，我们继续学习。

1. 系统事件

新建一个状态，在状态上右击，在弹出的快捷菜单中选择"添加过渡｜System Events（系统事件）｜MOUSE DOWN"，可为该状态添加 MOUSE DOWN 事件，如图 9-10 所示。系统事件合计 20 个，更多系统事件的功能详见附录一。

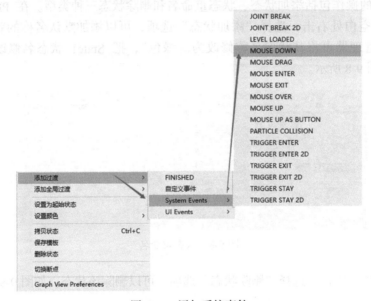

图 9-10　添加系统事件

PlayMaker 部分系统事件的功能如下。

（1）MOUSE DOWN：鼠标在物体上按下时。

（2）MOUSE DRAG：鼠标在物体上按下然后拖动时。

（3）MOUSE ENTER：鼠标滑入物体时。

（4）MOUSE EXIT：鼠标滑出物体时。

（5）MOUSE OVER：鼠标悬停物体之上时。

（6）MOUSE UP：鼠标在物体上按下并松开时（单击）。

（7）MOUSE UP AS BUTTON：鼠标单击（作为按钮）。

（8）TRIGGER ENTER：触发开始时。

（9）TRIGGER STAY：触发保持时。

（10）TRIGGER EXIT：触发结束时。

2. UI 事件

在 UI 对象上右击，在弹出的快捷菜单中选择"添加过渡 | UI Events | UI CLICK"，可为 UI 对象添加 UI CLICK 事件，如图 9-11 所示。UI 事件合计 15 个，更多 UI 事件的功能详见附录一。

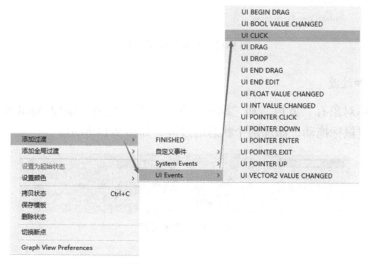

图 9-11　添加 UI 事件

3. 自定义事件

通过"事件"管理器，可以添加和删除自定义事件。如图 9-12 所示，该项目添加了 keydown 和 keyup 两个自定义事件。若在自定义事件前勾选，则意味着该事件是全局事件，可以跨越不同的状态机工作。

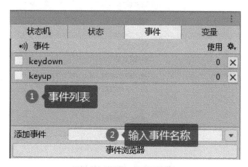

图 9-12　自定义事件

在某状态上右击，在弹出的自定义菜单中选择"添加过渡 | 自定义事件 | keydown"选项，可以添加在"事件"管理器下的自定义事件，如图 9-13 所示。

图 9-13　添加自定义事件

4. 添加过渡

立方体对象有"蓝色"和"绿色"两个状态，均为其添加 MOUSE DOWN 事件，通过鼠标拖动，添加两个状态的过渡，如图 9-14 所示。

图 9-14　添加过渡

5. 删除事件

在 MOUSE DOWN 事件上右击，在弹出的快捷菜单中选择"删除过渡"选项，即可删除该事件，过渡也随之被删除，如图 9-15 所示。

图 9-15　删除事件

提示：在 PlayMaker 中，每个状态机都有两个特殊事件，一个是 START 事件，另一个是 FINISHED 事件。当启用状态机时，触发 START 事件。当状态中动作都执行完时，就可以选择添加 FINISHED 事件。开发者可以利用 FINISHED 事件，进行状态的自动切换。但是如果状态中包含 GUI 之类的动作或者每帧都执行的动作，FINISHED 事件并不会被自动触发。这时，就需要开发者手动设置跳转，如通过条件比较触发。

9.2.4 动作管理

如果使用状态机、状态、事件和过渡可以搭建一个合理的交互逻辑的框架，那么这个交互逻辑在添加动作之前就完全是一个空架子、一个设计而已。只有添加了动作，状态才会有意义，对象才会随着 PlayMaker 设计的这个逻辑来行动。PlayMaker 有非常多的动作，而且还有很多开发者在为 PlayMaker 编写各式各样的第三方动作（可以理解成有人为 PlayMaker 这个插件开发插件），一个动作通常执行一项或几项 Unity 的"操作"，例如，获取某个 Game Object 的位置，在场景中新建一个立方体（Cube），改变一个材质的颜色，为一个变量赋值等。

选择一个状态，单击"动作浏览器"按钮可以打开"动作"浏览器，如图 9-16 所示。"动作"浏览器合计包括 39 个大类，560 多个动作。"动作"浏览器提供了搜索过滤功能，可以通过输入一些关键字来快速定位想要使用的动作命令。

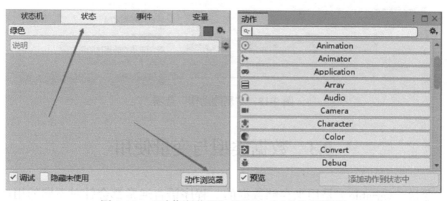

图 9-16　"动作浏览器"按钮和"动作"浏览器

动作用来表示一个具体的行为。它只能被赋予状态机中的状态，而状态负责执行动作。对熟悉 Unity 的读者而言，它类似于 Unity 中的组件，而动作也拥有自己的属性。名为 Set Material Color 的动作被赋予"绿色"状态，而 Set Material Color 的动作参数如图 9-17 所示。

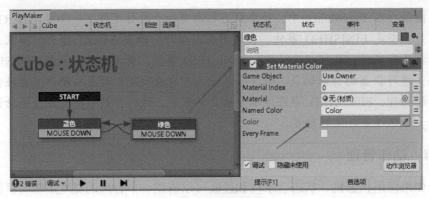

图 9-17 添加动作

在 Set Material Color 动作面板上单击 ⚙ 图标，选择"删除动作"选项，可以删除当前动作，如图 9-18 所示。

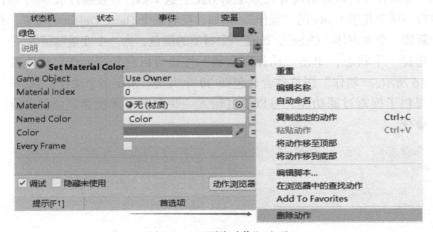

图 9-18 "删除动作"选项

9.3 数据类型与变量使用

变量（variable）是用来存储数据的。程序语言通常都会针对不同的用途设置不同的数据类型，以提高存储效率。因此，在设置变量时，需要事先声明好变量的数据类型。

9.3.1 数据类型

PlayMaker 支持的数据包括 Bool、Int、Float、String、Vector2、Vector3、Game Object、Array、Enum 等多种类型。

Bool：布尔数据类型，其值是 true 或 false。Bool 数据常常用来表达一个判断，如"场景中是否有 Player"、"是否发生了碰撞"等。

Int：整型数据，用来表示整数，包括正整数、负整数、0。通常用 Int 数据存储诸如"×××物体的数量"这样的数据。另外，for 循环中也用 Int 来计数。

Float：浮点型数据，用来表示小数，同样包括正数、负数和 0。Float 数据的应用范围很广泛，距离、时间、速度等均可表示。

String：字符型数据，用来存储字符类型的数据；获取对象的名字，其数据格式也是 String。要注意的是，UI 中使用的文字都是 String 格式的，如果希望显示生命值为 10，那么需要把这 10 个 Float 类型的数据先转换成 String 类型的数据再赋给相应 UI 组件来使用。

Vector2：二维向量型（Vector2）是二维矢量数据，相当于两个 Float 数据组合起来。很多数据需要成对出现才有意义，如屏幕坐标、矩形的长和宽等，这时就要用到 Vector2。

Vector3：三维向量型（Vector3）是三维矢量数据，相当于三个 Float 数据组合起来。Vector3 的使用就很常见了，一个物体在三维空间中的坐标、运动的方向、位置、旋转、缩放值、颜色（RGB）等数据都使用 Vector3 来存储。Vector3 的写法和 Vector2 一样，只不过多了一个 Float 数据。

Game Object：该类型的数据没有上面那些类型好理解，姑且认为这就是 Unity 中用来表示一个游戏对象的专有数据就好了。实际上，Game Object 与其说是一个数据，不如说是一个对象。只不过还不了解什么叫对象，所以当它是个特殊的数据。

Array：数组型（Array）是数组，前述的任何一种数据类型的多个数据按顺序组合到一起就是一个数组。例如，可以将全班所有人的名字组合成一个 String 类型数据的 Array：names[]={"name1"，"name2"，"name3"，"name4"}，如果需要获取 name1，则需要通过 names[0]来得到。因此，一个有 4 个数据的数组，其编号是 0、1、2、3，没有 4。同时，数组只能将同一类型的数据放在一起，不能混搭，混搭就成对象（Object）了。

除使用前面提到的 Unity 数据类型作为变量类型以外，PlayMaker 还提供了一些比较特别的变量类型。

Color：用来表示颜色，本质上是 Vector3。

Rect：用来表示一个矩形方框的大小和在屏幕坐标系的位置，本质上是 4 个 Float 的组合（X：方框左上角的横轴坐标；Y：方框左上角的纵轴坐标；W：方框宽度；H：方框高度），当然也可以用来表示别的东西。

Material：材质，用来存储一个材质（Material）资源。

Texture：贴图，用来存储一张图片资源。

Quaternion：代表物体旋转角度的数据，但不同于常用的 rotateX、rotateY、rotateZ 这种算法。

Object：Object 不是 Game Object，Object 其实是用来存放组件（component）的。对于一些 PlayMaker 中没有专门 action 支持的 component，PlayMaker 提供了 Object 这种数据类型可以通过 Get Component 来获取一个 component，然后通过 Get Property 和 Set Property 来获取或设置目标 component 的某个属性。

Enum：PlayMaker 的 Enum 不能自行创建其包含的状态，只能使用 Unity 已有的 Enum 结构来生成变量。

9.3.2　变量使用

1. 局部变量的定义

在 PlayMaker 的"变量"管理器中可以新建变量，变量通常仅在该状态机中使用。在"变量"管理器输入变量名称，选择变量类型，即可进行变量定义，该状态机中所有的变量形成列表，如图 9-19 所示。

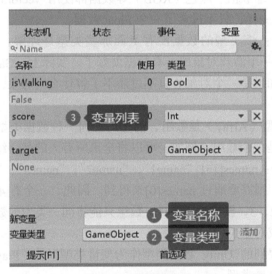

图 9-19　变量的定义

2. 全部变量的定义

如果需要在多个状态机中调用该变量，需要将其定义为全局变量（Global Variable）。在 Unity 菜单栏中，选择 PlayMaker|Editor Windows|Global Variable 选项，可以查看当前场景全局变量的定义情况，如图 9-20 所示。

图 9-20 PlayMaker 中的全局变量

PlayMaker 中所使用的变量都需要提前定义好。PlayMaker 是可视化界面，因此对于所有数据的数据类型十分敏感，一个 Game Object 类型的数据是放不进一个 Vector3 类型的参数中去的。如果不清楚动作的每个参数都需要哪种类型的数据，可以通过 Light Intensity 的下拉列表框中选择"新建变量"或"新建全局变量"来创建变量，这样就可以得到正确的数据类型了，如图 9-21 所示。

图 9-21 新建变量

9.4 实 践 案 例

为了说明 PlayMaker 的基本使用方法，本节通过案例来介绍 PlayMaker 的基本操作。主要实现的效果如下：①场景中有一个蓝色立方体和一个蓝色球体，当鼠标移动到立方体上时，立方体变绿，移走时变蓝；②单击立方体，立方体向球体运动。

新建立方体和球体，完成场景构建后，交互设计的具体思路如下：①为立方体添加状态机，添加蓝色、绿色和移动三个状态；②为三种状态添加 MOUSE EXIT 和 MOUSE DOWN 事件，实现鼠标移入、移出和单击等状态变换；③为各状态添加动作，并设置动作参数。

9.4.1 添加状态机和状态

在"层级"窗口中选择立方体，在 PlayMaker 编辑窗口空白处右击，在弹出的快捷菜单中选择"添加状态机"选项，即给立方体增加了一个有限状态机，给默认状态重命名为"蓝色"。另外，新建两个状态，分别命名为"绿色"和"移动"，如图 9-22 所示。

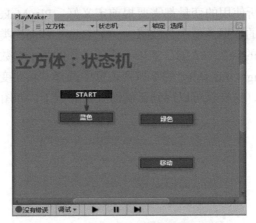

图 9-22　给立方体增加状态机和状态

9.4.2 添加事件和过渡

在"蓝色"状态上右击，在弹出的快捷菜单中选择"添加过渡|System Events|MOUSE ENTER"选项，选择增加 MOUSE ENTER 事件。在"绿色"状态上，通过同样的方法添加 MOUSE EXIT 事件和 MOUSE DOWN 事件。事件添加完成后，为状态之间添加过渡，如图 9-23 所示。

9.4.3 添加动作

选择"蓝色"状态，单击"动作浏览器"按钮，打开"动作"窗口，查找 Set Material Color 动作，如图 9-24 所示。

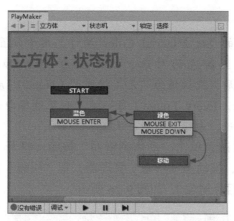

图 9-23 为状态添加事件和过渡

图 9-24 "蓝色"状态设置 Set Material Color 动作参数

将 Set Material Color 动作拖动至"状态"管理器,把 Color 更改为蓝色,如图 9-25 所示。用同样方法为"绿色"状态添加 Set Material Color 动作,颜色设为绿色。

图 9-25 "绿色"状态设置 Set Material Color 动作参数

提示:

PlayMaker 提供的 Set Material Color 动作,用于设置对象的颜色。Game Object 用于指定改变颜色的对象,默认值为 Use Owner(自身)。材质(Material)为指定材质,默认值为"无(材质)"(None)。颜色(Color)指材质颜色,默认值为黑色。Every Frame(每一帧)如果选择勾选意味着每一帧都执行一次,默认为不勾选,表示只执行一次。

选择"移动"状态,单击"动作浏览器"按钮,打开"动作"窗口,查找 Move Towards 动作,拖动至"状态"管理器,把"层级"窗口中的"球体"拖动至 Target Object(目标对象),如图 9-26 所示。

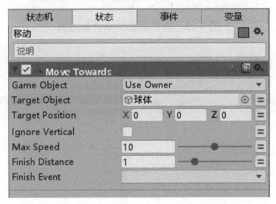

图 9-26 Target Object 参数设置

提示:

PlayMaker 提供的 Target Object 动作,用于将对象向一个特定的点或者特定的对象移动,可以通过设置 Target Object(目标对象)或 Target Position(目标位置)来实现。Max Speed(最大速度)用于设置移动速度,默认值为 10。Finish Event(完成后事件)选项可以设置完成的事件。

至此,所有操作完成,可以运行测试效果了。

本章小结

使用 PlayMaker 进行教学软件开发的优点非常明显,具体表现在:①学习门槛低。与学习使用 C#程序编写脚本相比,PlayMaker 更容易在短时间内掌握,上手速度快。②开发速度快。借助 PlayMaker 内置的众多动作(Action),在开发时需要使用多行代码才能实现的功能,通常只需要几步就能完成。正是基于以上优点,无论是独立开发,还是做原型产品,特别是对广大师范生和非专业人士来说,PlayMaker 都是很好的选择。

思考与实践

思考：

1. PlayMaker 交互设计的核心理念是什么？

2. PlayMaker 编辑窗口包括哪些组成部分？

3. PlayMaker 能处理哪些类型的数据？

实践：

1. 新建一个立方体，不断单击立方体，使其颜色由红、绿到蓝不断变换。

2. 新建一个立方体，单击立方体，等待 5 秒后跳转到其他场景。

3. 新建一个立方体，单击立方体，立方体获得两个属性：①变成红色；②沿着 Y 轴顺时针旋转。

第 10 章

输入交互和触发交互

1. 掌握实现输入交互的动作和方法
2. 掌握实现触发交互的动作和方法

用户输入是虚拟现实中必不可少的元素。Unity 不仅支持绝大部分传统的操作方式，如键盘、鼠标和手柄等，还支持触屏操作、重力感应器、手势等移动平台上的操作方式。PlayMaker 提供了非常强大的输入类动作，包括虚拟输入轴（Axis）、鼠标（Mouse）、键盘（Keyboard）等常见输入类型。本书附录二的 Input 类别提供了包括 PlayMaker 所有输入动作的列表。

10.1　虚拟输入轴输入

为了支持键盘、鼠标、手柄和摇杆等硬件设备，Unity 设计了一些概念。第一个概念为虚拟输入轴，虚拟输入轴将不同的输入设备，如键盘或摇杆的按键，都归纳到一个统一的虚拟控制系统中，如键盘的 W 键、S 键以及摇杆的上下运动，都默认统一到竖直（Vertical）输入轴上，这样就屏蔽了不同设备之间的差异，让开发者可以以简单的输入逻辑兼容多种输入设备。本节重点介绍获取轴参量（Get Axis Vector）和轴触发事件（Axis Events）两个动作。

10.1.1　获取轴向量 Get Axis Vector

1. 动作参数

Get Axis Vector 主要用于接收方向键上的输入，然后将 Vector3 数据应用到对象上，最后实现对象的位置移动。Get Axis Vector 的动作参数如图 10-1 所示。

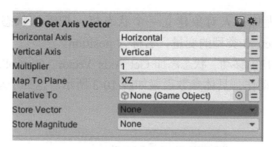

图 10-1　Get Axis Vector 动作参数

该动作包括以下参数。

（1）Horizontal Axis：水平方向轴，默认值为 Horizontal。

（2）Vertical Axis：垂直方向轴，默认值为 Vertical。

（3）Multiplier：设置倍数，轴的范围是 $-1 \sim 1$，该选项可以通过倍数扩大范围，默认值为 1。

（4）Map To Plane：将输入映射到一个平面上，允许值包括 *XZ*、*XY*、*YZ*，默认值为 *XZ*。

（5）Relative To：映射世界坐标时，计算向量使用的相对对象，一般是摄像机（Main Camera），默认值是 None（Game Object）。

（6）Store Vector：存储获取到的向量，默认值为 None。

（7）Store Magnitude：存储向量的大小，类型为浮点型，默认值为 None。

2. 实践案例

实现效果：用方向键控制一个虚拟小人（由胶囊和立方体组合而成）在平面上自由运动。

步骤 1：建立一个虚拟小人对象和一个平面对象，场景设计如图 10-2 所示，为虚拟小人增加角色控制器（Character Controller）组件。

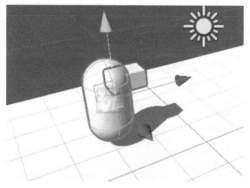

图 10-2　创建虚拟小人

步骤 2：为虚拟小人对象建立一个状态机，把默认状态命名为"自由移动"，新建一个 Vector3 类型的变量，名称为 position。

步骤 3：为"自由移动"状态添加 Get Axis Vector、Controller Simple Move、Look At Direction 动作，具体参数设置如图 10-3 所示。这三个动作的具体含义详见本书附录二。

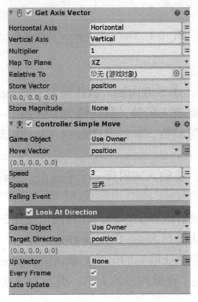

图 10-3　"自由移动"状态的动作参数设置

步骤 4：运行程序，使用方向键测试效果。

10.1.2　轴触发事件 Axis Event

1. 动作参数

在交互控制中，很多时候会利用虚拟轴去触发指定事件，PlayMaker 中使用动作 Axis Event，其动作参数如图 10-4 所示。

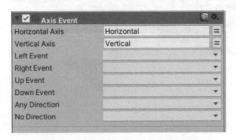

图 10-4　Axis Event 动作参数

该动作包括以下参数。

（1）Horizontal Axis：水平方向轴，默认值为 Horizental（垂直）。

（2）Vertical Axis：垂直方向轴，点开下拉列表会发现默认值为 Vertical。

（3）Left Event：向左方向触发，点开下拉列表会发现默认值为 None。

（4）Right Event：向右方向触发，点开下拉列表会发现默认值为 None。

（5）Up Event：向上方向触发，点开下拉列表会发现默认值为 None。

（6）Down Event：向下方向触发，点开下拉列表会发现默认值为 None。

（7）Any Direction：任意方向触发，点开下拉列表会发现默认值为 None。

（8）No Direction：中心触发，点开下拉列表会发现默认值为 None。

2. 实践案例

实现效果：实现按上、下、左、右方向键触发 up、down、left、right 事件，并过渡到 UP、DOWN、LEFT、RIGHT 状态。

步骤 1：建立一个 Cube 对象。

步骤 2：为 Cube 对象建立一个状态机，把默认状态命名为 Listener，再新建 UP、DOWN、LEFT、RIGHT 状态，如图 10-5 所示。

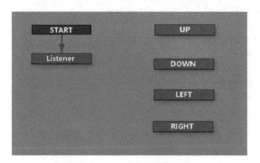

图 10-5　Cube 的状态机

步骤 3：自定义 down、left、right、up 四个事件（图 10-6）。

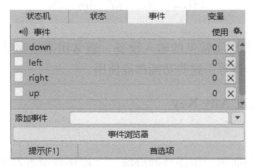

图 10-6　自定义四个事件

步骤 4：把自定义事件添加到 Listener 状态上，并为四个事件和四个状态添加过渡，为四个状态添加 FINISHED 事件并为 Listener 状态添加过渡，如图 10-7 所示。

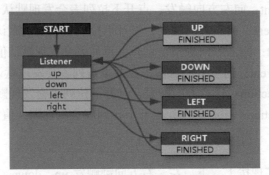

图 10-7　为状态添加过渡和事件

步骤 5：为 Listener 状态添加 Axis Event 动作，参数如图 10-8 所示。

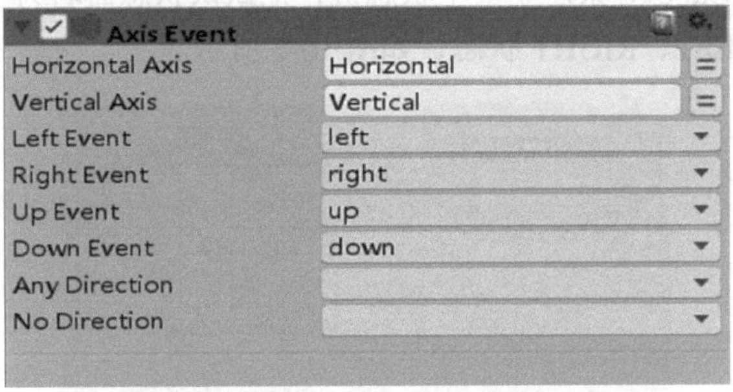

图 10-8　Axis Event 动作的参数设置

步骤 6：运行程序，测试效果。

10.2　键　盘　输　入

键盘是桌面虚拟现实常见的输入设备，通常用来检测学习者是否使用方向键、指定按键或组合键等，这些功能都能使用。

10.2.1　任意键触发 Any Key

1. 动作参数

在软件中经常会遇到"按任意键继续"、"按任意键查看结果"等提示，这就需要学习者按下任意键以后，进行下一步操作。PlayMaker 提供了 Any Key（任意键触发）动作，实现按下任意键的效果。其动作参数如图 10-9 所示。

图 10-9　Any Key 动作参数

该动作包括以下参数。

Send Event：要触发的事件，点开下拉列表会发现默认值为 None。

2. 实践案例

实现效果：场景中 Cube 对象，按下键盘任意键 Cube 对象消失。

步骤 1：建立一个 Cube 对象。

步骤 2：为 Cube 对象建立一个状态机，把默认状态命名为"显示"，再新建一个名为"隐藏"的状态，如图 10-10 所示。

图 10-10　为 Cube 新建状态

步骤 3：新建一个 anykey 自定义事件，并把这个事件添加给"显示"状态，并添加两者的过渡，如图 10-11 所示。

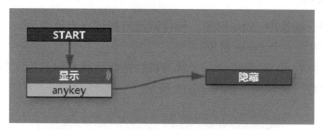

图 10-11　为"显示"状态添加事件和过渡

步骤 4：在"显示"状态添加 Any Key 动作，参数设置如图 10-12 所示；隐藏状态添加 Activate Game Object 动作，具体设置如图 10-13 所示。

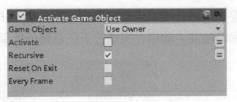

图 10-12 Any Key 动作参数设置　　　图 10-13　Activate Game Object 动作参数设置

步骤 5：运行程序，测试效果。

10.2.2　获取按键状态 Get Key

1. 动作参数

Get Key（获取按键状态）动作是指指定的按键被按住时触发的事件，它的参数如图 10-14 所示。其参数如图 10-14 所示。

图 10-14　Get Key 动作参数

该动作包括以下参数。

（1）Key：指定要获取状态的按键名称，默认值为"无"（None），可通过下拉列表框进行选择。

（2）Store Result：存储获取到的状态，默认值为 None。

（3）Every Frame：支持每帧都进行一次该运算，默认值为 false，不勾选。

2. 实践案例

实现效果：场景中 Cube 对象，按住键盘空格键立方体消失。

步骤 1：建立一个 Cube 对象。

步骤 2：为 Cube 对象建立一个状态机，把默认状态命名为"显示"，再新建一个名为"隐藏"的状态，如图 10-15 所示。

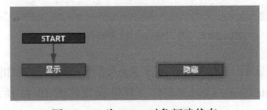

图 10-15　为 Cube 对象新建状态

步骤 3：自定义 spacekey 事件，并把这个事件添加给"显示"状态，并添加两者的过渡，如图 10-16 所示。

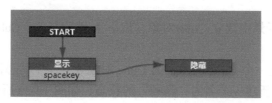

图 10-16　为"显示"状态添加事件和过渡

步骤 4：在"显示"状态添加 Any Key 动作，参数设置如图 10-17 所示。"隐藏"状态添加 Activate Game Object 动作，具体设置如图 10-18 所示。

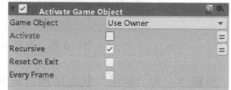

图 10-17　Any Key 动作参数设置　　　图 10-18　Activate Game Object 动作参数设置

步骤 5：运行程序，测试效果。

10.2.3　按键释放 Get Key Up

1. 动作参数

Get Key Up（按键释放）动作主要用于键盘某按键释放时触发指定事件，它的参数如图 10-19 所示。

图 10-19　Get Key Up 动作参数

它们的动作包括以下参数。

（1）Key：指定要获取状态的按键名称，默认值为"无"（None），可通过下拉列表框进行选择。

（2）Send Event：要触发的事件，点开下拉列表会发现默认值为 None。

（3）Store Result：存储获取到的状态，默认值为 None。

2. 实践案例

实现效果：场景中建立 Cube 对象，按下 A 键后释放，Cube 对象消失，3 秒后显示。

步骤 1：建立一个 Cube 对象，为 Cube 对象建立一个状态机，把默认状态命名为"显示"，再新建一个名为"隐藏"的状态，如图 10-20 所示。

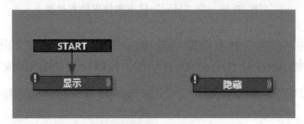

图 10-20　为 Cube 对象新建状态

步骤 2：为"显示"状态添加自定义 AKeyup 事件，为"隐藏"状态添加 FINISHED 事件，并为"显示"和"隐藏"状态添加过渡，如图 10-21 所示。

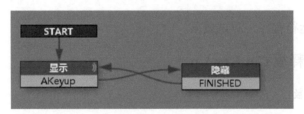

图 10-21　为"显示"状态添加事件和过渡

步骤 3：在"显示"状态添加 Set Visibility 动作和 Get Key Up 动作，参数设置如图 10-22 所示。

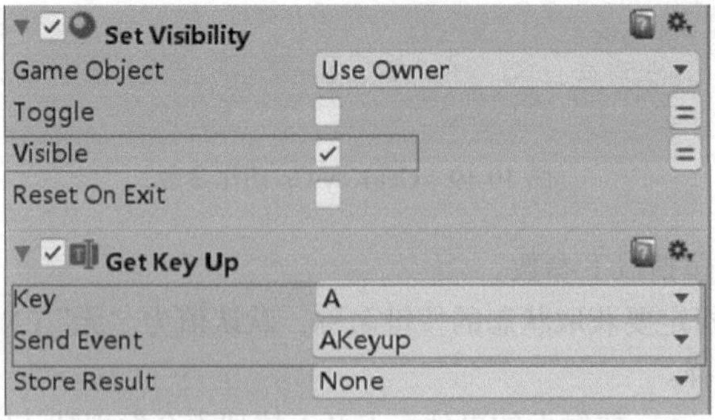

图 10-22　"显示"状态的动作参数设置

步骤 4：在"隐藏"状态添加 Set Visibility 动作和 Wait 动作，参数设置如图 10-23 所示。

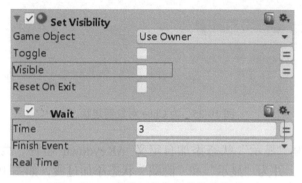

图 10-23　"隐藏"状态的动作参数设置

步骤 5：运行程序，测试效果。

10.2.4　按键按下 Get Key Down

1. 动作参数

Get Key Down（按键按下）动作主要用于键盘某键按下时触发指定事件，它的参数如图 10-24 所示。

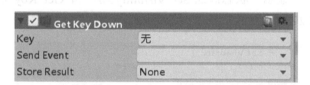

图 10-24　Get Key Down 动作参数

Get Key Down 的动作包括以下参数。

（1）Key：指定要获取状态的按键名称，默认值为"无"（None），可通过下拉列表进行选择。

（2）Send Event：要触发的事件，点开下拉列表会发现默认值为 None。

（3）Store Result：存储获取到的状态，默认值为 None。

2. 实践案例

实现效果：场景中建立 Cube 对象，按下 A 键后释放，Cube 对象消失，3 秒后显示。

步骤 1：建立一个 Cube 对象，为 Cube 对象建立一个状态机，把默认状态命名为"显示",再新建一个名为"隐藏"的状态,如图 10-25 所示。

图 10-25　为 Cube 对象新建状态

步骤 2:为"显示"状态添加自定义 AKeydown 事件,为隐藏状态添加 FINISHED 事件,并为"显示"和"隐藏"状态添加过渡,如图 10-26 所示。

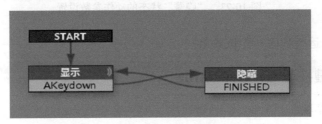

图 10-26　为"显示"状态添加事件和过渡

步骤 3:在"显示"状态添加 Set Visibility 动作和 Get Key Down 动作,参数设置如图 10-27 所示。

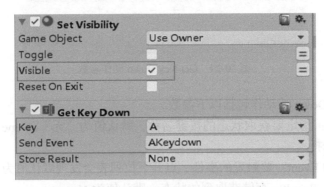

图 10-27　"显示"状态的动作参数设置

步骤 4:在"隐藏"状态添加 Set Visibility 动作和 Wait 动作,参数设置如图 10-28 所示。

步骤 5:运行程序,测试效果。

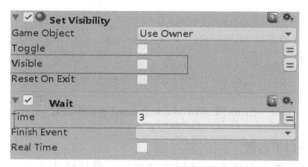

图 10-28　"隐藏"状态的动作参数

10.3　鼠　标　输　入

鼠标是桌面虚拟现实程序中最常用的输入设备，程序通过鼠标的按键获得输入。PlayMaker 提供了多个鼠标按键相关动作，包括获取鼠标按键（Get Mouse Button）、获取鼠标释放（Get Mouse Button Up）、获取鼠标按下（Get Mouse Button Down）等。

10.3.1　获取鼠标按键 Get Mouse Button

鼠标在按下或松开时都可以触发指定的事件，所以获取鼠标按键的状态是必要的。PlayMaker 提供的 Get Mouse Button 用于获取指定鼠标按键的状态，其动作参数如图 10-29 所示。

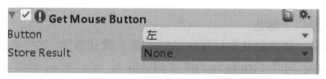

图 10-29　Get Mouse Button 动作参数

该动作包括以下参数。

（1）Button：要获取状态的鼠标按键名称，默认值为"左"（Left），可选值为"左"（Left）、"右"（Right）、"中"（Middle）。

（2）Store Result：Bool 数值，存储获取到的状态值，默认值为 None。

10.3.2　获取鼠标释放 Get Mouse Button Up

Get Mouse Button Up 动作主要用于鼠标某按键释放时触发指定事件，它的参数如图 10-30 所示。

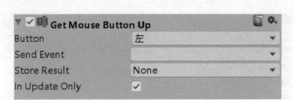

图 10-30   Get Mouse Button Up 动作参数

该动作包括以下参数。

（1）Button：要获取状态的鼠标按键名称，默认值为"左"（Left），可选值为"左"（Left）、"右"（Right）、"中"（Middle）。

（2）Send Event：按下鼠标按键后触发指定的事件，默认值为 None。

（3）Store Result：Bool 数值，存储获取到的状态值，默认值为 None。

10.3.3   获取鼠标按下 Get Mouse Button Down

Get Mouse Button Down 动作主要用于鼠标某按键按下时触发指定事件，它的参数如图 10-31 所示。

图 10-31   Get Mouse Button Down 动作参数

该动作包括以下参数。

（1）Button：要获取状态的鼠标按键名称，默认值为"左"（Left），可选值为"左"（Left）、"右"（Right）、"中"（Middle）。

（2）Send Event：按下鼠标按键后触发指定的事件，点开下拉列表会发现默认值为 None。

（3）Store Result：Bool 数值，存储获取到的状态值，默认值为 None。

10.4 触 发 检 测

触发检测是指当一个物体穿过另外一个物体时进行检测的事件。物体间发生触发的条件包括：①发生碰撞的物体两者其中之一有刚体（Rigidbody）组件；②发生碰撞的两个对象必须有 Collider（碰撞器），其中一方为触发器（第 5 章碰

撞器组件讲解过)。

10.4.1　触发事件 Trigger Event

1. 动作参数

程序运行过程中，有时需要检测对象是否处于某个范围，当进入、保持或离开该区域后触发指定事件。可以通过检测触发指定事件，如碰撞后发出声音、播放动画、改变被撞物体颜色等。PlayMaker 提供了 Trigger Event 动作，用于触发事件，其动作参数如图 10-32 所示。在 Collider 组件上，可以勾选"是触发器"选项来将碰撞器变成一个触发器（Trigger），如图 5-8 所示。触发器和碰撞器的区别在于，触发器不会实际阻挡其他碰撞器，相当于一个虚拟的开关。

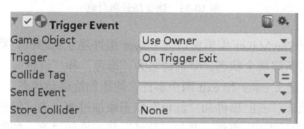

图 10-32　Trigger Event 动作参数

该动作包括以下参数。

（1）Game Object：检测对象，默认值为 Use Owner（对象自身），也可通过下拉列表选择其他特定对象。

（2）Trigger：碰撞检测的类型，包括 On Trigger Enter、On Trigger Stay、On Trigger Exit，默认值为 On Trigger Enter。

（3）Collide Tag：碰撞对象的标签，可以用于过滤，点开下拉列表会发现默认值为 Untagged。

（4）Send Event：要触发的事件，点开下拉列表会发现默认值为 None。

（5）Store Collider：存储碰撞的组件的所属对象，默认值为 None。

2. 实践案例

实现效果：场景中有一个平面对象作为地面，一个虚拟小人（由胶囊和立方体组成）作为 player，一个立方体作为触发对象（其添加 Box Collider 组件，勾选"是触发器"），当 player 触碰到立方体对象时，立方体变为绿色，离开后变为红色。

步骤 1：建立一个平面对象和立方体对象，如图 10-33 所示，将虚拟小人命名为 player，为其添加 Character Controller 组件。

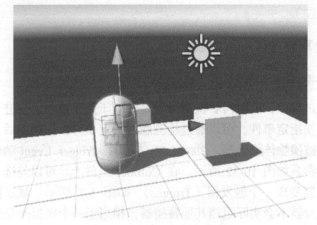

图 10-33　建立场景和对象

步骤 2：在 PlayMaker 编辑窗口为 player 组件建立状态机，默认状态命名为"移动"，另外再新建两个状态，分别命名为"绿色"和"红色"。

步骤 3：自定义 enter 和 exit 两个事件，均添加给移动状态，分别为 enter 事件和"绿色"状态、exit 事件和"红色"状态添加过渡，为"绿色"状态和"红色"状态添加 FINISHED 事件，并与"移动"状态添加过渡，如图 10-34 所示。

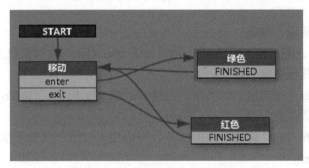

图 10-34　为虚拟小人建立状态机

步骤 4：新建一个 Vector3 类型的变量，名称为 position，为"移动"状态添加 Get Axis Vector 和 Controller Simple Move 动作，前者存储 position 变量，后者利用 position 变量来移动 player，具体参数如图 10-35 所示。

步骤 5：为"移动"状态添加 Trigger Event 动作，具体参数如图 10-36 所示。

步骤 6：分别为"绿色"状态和"红色"状态添加 Set Material Color 动作，Color 参数分别选择绿色和红色，Game Object 均选择 Specify Game Object，如图 10-37 所示。

图 10-35　添加让虚拟小人移动的两个动作

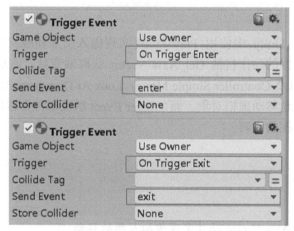

图 10-36　添加触发进入和离开的事件

图 10-37　为立方体设置颜色

步骤 7：运行程序，测试效果。

10.4.2　获取触发信息 Get Trigger Info

通常在触发进入、触发停留、触发退出系统事件或触发事件操作之后使用，可以使用 Get Trigger Info 动作获取触发事件的信息。PlayMaker 提供了 Get Trigger Info 动作，用于记录触发对象，其参数如图 10-38 所示。

该动作包括以下参数。

（1）Game Object Hit：触发游戏对象，即被触发器触发的游戏对象。

（2）Physics Material Name：物理材质名称，即被触发对象的物理材质名称。

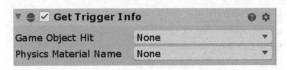

图 10-38　Get Trigger Info 的参数

本章小结

本章详解了 Unity 中使用 PlayMaker 实现输入交互和触发交互的动作和方法。重点需要掌握的动作包括 Get Axis Vector 获取轴变量，该动作与 Character Controller 组件以及 Controller Simple Move、Look At Direction 动作常常用于以第一视角或第三视角移动虚拟对象。而 Trigger Event 触发事件常常用于触发事件的使用，是必须掌握的内容。

思考与实践

实践：

1. 使用 Get Axis Vector 动作实现虚拟人物的移动。

2. 使用 Trigger Event 动作实现虚拟人物与其他对象的触发检测。

第 11 章

UI 交互

【学习目标】

1. 熟悉 UI 的基本交互类型
2. 了解 PlayMaker 中的各个 UI 事件名称及其功能
3. 学会利用 PlayMaker 实现 UI 基本交互
4. 能够利用所学知识拓展实现其他交互

在前面的章节，已经讲解了关于 UI 的常用控件，本章将会讲解这些控件中可用于交互的控件。UI 中的交互主要有按钮点击、文本输入、滑块滑动、选择勾选，完成这些交互所涉及的交互控件有 Button、Toggle、Slider、Dropdown、Input Field。本章将通过一些小案例讲解这几种交互的简单实现方法。本章所有的交互都将通过可视化创建及事件绑定的方式实现，方便初学者或者不擅长代码编写的读者阅读。

11.1　按　钮　点　击

按钮点击是 UI 中最常用的用户交互事件，实现按钮点击常用的控件是 Button 控件，关于 Button 控件的详细属性介绍，在前面的章节已经讲解，本节将会通过一个具体案例介绍部分按钮交互事件及其实现方式。

11.1.1　过渡事件

利用 PlayMaker 提供的过渡事件，可以方便地实现很多交互功能。其中，对于 UI 的控件交互，PlayMaker 提供了专门的 UI Events，对于按钮交互常用的有 UI CLICK、UI POINTER ENTER 和 UI POINTER EXIT。

UI CLICK：鼠标单击事件。

UI POINTER ENTER：鼠标移入事件。

UI POINTER EXIT：鼠标移出事件。

11.1.2　实践案例

本节交互案例：按钮控制物体变换，点击按钮改变按钮文本。实现当鼠标移入和移出按钮时，场景物体切换，当单击鼠标后，按钮文字变化。

首先，新建一个项目，导入 PlayMaker 插件，然后在"层级"窗口空白处右击，在弹出的快捷菜单中分别选择"3D 对象|立方体"和"3D 对象|球体"选项，在场景中新建一个立方体和一个球体对象，然后再次在"层级"窗口空白处右击，在弹出的快捷菜单中依次选择"UI|Button"选项，场景中将自动添加一个 Canvas 画布和一个 Button 控件，这里为方便观察，将游戏视角设置成自定义 1920×1080 的分辨率，并调整摄像机和对象控件的位置，如图 11-1 所示。

图 11-1　按钮点击交互案例界面图

界面设置好后，开始实现按钮的交互事件。在"层级"窗口中选中 Button 控件，打开 PlayMaker 编辑窗口，在 PlayMaker 编辑窗口中右击，从弹出的快捷菜单中添加三个状态，分别命名为 Cube、Sphere 和 ButtonClick。然后，在 Cube 状态上右击，在弹出的快捷菜单中选择"添加过渡|UI Events|UI POINTER ENTER"选项为其添加一个 UI POINTER ENTER 过渡事件，并连接到 Sphere 状态；在 Sphere 状态上右击，在弹出的快捷菜单中依次选择"添加过渡|UI Events|UI POINTER EXIT"选项为其添加一个 UI POINTER EXIT 过渡事件，并将此事件连接回 Cube 状态；再次在 Sphere 状态上右击，在弹出的快捷菜单中依次选择"添加过渡|UI Events|UI CLICK"选项为其添加一个 UI CLICK 过渡事件，并将此事件连接到 ButtonClick 状态；在 ButtonClick 状态上右击，在弹出的

快捷菜单中依次选择"添加过渡 | FINISHED"选项为其添加一个 FINISHED 过渡事件，并将此事件连接到 Sphere 状态。以上操作如图 11-2 所示。

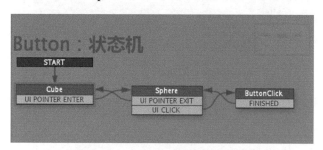

图 11-2　Button 控件状态机布局

接着，选中 Cube 状态，单击"动作浏览器"按钮，为其添加两个 Activate Game Object 动作，将第一个动作的 Game Object 参数设置为 Specify Game Object，并将"层级"窗口中的 Cube 对象拖入其子属性中，勾选 Activate 属性；将第二个动作的 Game Object 参数设置为 Specify Game Object，并将"层级"窗口中的 Sphere 对象拖入其子属性中，取消勾选 Activate 属性。以上操作如图 11-3 所示。

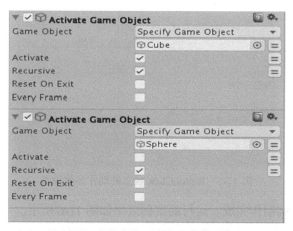

图 11-3　Cube 状态的动作参数设置

然后，选中 Sphere 状态，单击"动作浏览器"按钮，为其添加两个 Activate Game Object 动作，将第一个动作的 Game Object 参数设置为 Specify Game Object，并将"层级"窗口中的 Cube 对象拖入其子属性中，取消勾选 Activate 属性，将第二个动作的 Game Object 参数设置为 Specify Game Object，并将"层级"窗口中的 Sphere 对象拖入其子属性中，勾选 Activate 属性。如图 11-4 所示。

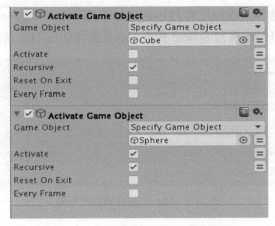

图 11-4　Sphere 状态的动作参数设置

　　最后，选中 ButtonClick 状态，单击"动作浏览器"按钮，为其添加一个 UI Text Set Text 动作，将其属性 Game Object 设置为 Specify Game Object，然后在层级窗口中展开 Button 控件，找到其子对象 Text，将 Text 拖入 Specify Game Object 的子属性中，并在 UI Text Set Text 动作的 Text 属性框中输入"按钮已点击"。以上操作如图 11-5 所示。

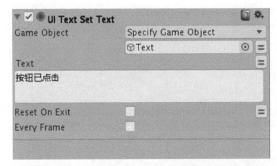

图 11-5　ButtonClick 状态的动作参数设置

　　至此，本案例制作完成。运行的案例效果如图 11-6 所示。

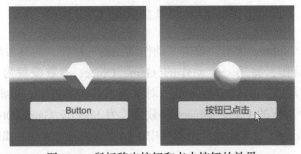

图 11-6　鼠标移出按钮和点击按钮的效果

11.2　文　本　输　入

文本输入是 UI 中常见的一种用户交互事件，要实现文本输入，需要用到的交互控件是 Input Field（文本输入框），这个控件在前面的章节没有做详细介绍，因为其使用起来比较简单，本节将会介绍常用的属性参数。

11.2.1　动作参数

UI Input Field Get Text 是 PlayMaker 中用于获取输入文本框中内容的一个动作，获取到文本框内容后将内容赋值给一个变量，然后可以通过该变量获取文本框中的值。UI Input Field Get Text 的动作参数如图 11-7 所示。

图 11-7　UI Input Field Get Text 动作参数

该动作包括以下参数。

（1）Game Object：检测对象，默认值为 Use Owner（对象自身），也可通过下拉列表框选择其他特定对象。

（2）Text：存储获取到的内容，默认值为 None，类型为 string。

（3）Every Frame：支持每帧都进行一次该运算，默认值为 false，不勾选。

11.2.2　实践案例

本节交互案例：实时显示文本。

首先，新建一个场景，导入 PlayMaker 插件，然后在"层级"窗口中空白处右击，在弹出的快捷菜单中分别选择"UI|Input Field"和"UI|Text"，新建文本输入控件和文本控件，并调整好如图 11-8 所示的位置大小，其中两个控件均是宽 200、高 100。

选中 Input Field 控件，在"检查器"窗口中可以看到相应的 Input Field 控件，其中的部分属性如图 11-9 所示。

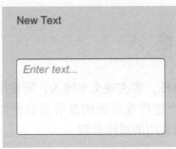

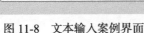

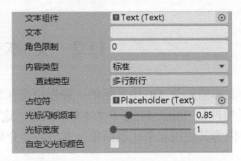

图 11-8 文本输入案例界面   图 11-9 Input Field 控件的部分属性

其中，"内容类型"属性可以选择限制的文本输入类型，如密码、数字、邮箱等。"直线类型"属性有三个参数：单线、多行提交、多行新行。其中，"单线"是指文本框接受输入单行文本。"多行提交"是指文本框接受输入多行文本，在超出边界时自动换行，按 Enter 键时不会换行。"多行新行"是指文本框接受输入多行文本，在超出边界时自动换行，按 Enter 键时会换行。

要实现输入在文本框中的文字实时显示在 Text 控件中，需要用 PlayMaker 来进行简单的编程，选择 Text 控件，打开 PlayMaker 编辑窗口，在 PlayMaker 编辑窗口中新建一个状态，修改名称为"获取文本并显示"，单击"动作浏览器"按钮，添加"UI Input Field Get Text"和"UI Text Set Text"两个动作，如图 11-10 所示。

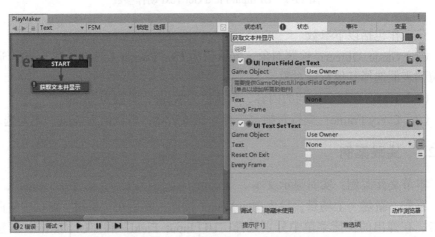

图 11-10 为 Text 控件添加两个动作

然后将 UI Input Field Get Text 动作的 Game Object 参数设置成 Specify Game Object，并将"层级"窗口中的 InputField 控件拖入其属性值中，接着在 Text 属性的下拉列表框中选择"新建变量"，输入新的变量名"gettext"，勾选 Every

Frame 属性。最后将 UI Text Set Text 动作的 Text 参数设置成“gettext”变量，并勾选 Every Frame 属性，如图 11-11 所示。

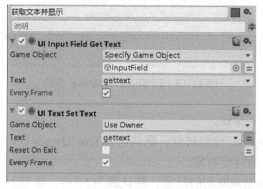

图 11-11　Text 控件的 PlayMaker 动作参数设置

设置好后，单击“运行”按钮，在“游戏”窗口中的文本框中输入内容，可以看到在上方实时显示了相同的内容，如图 11-12 所示。至此，实时显示文本的案例制作完成。

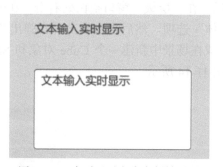

图 11-12　实时显示文本案例效果图

11.3　滑　块　滑　动

滑块滑动可以免去键盘手动输入的操作，对于用户的交互更加友好，常用于一些改变数值的场景。在 UI 中常用于滑动交互的控件是 Slider，下面通过一个简单的案例来讲解滑动交互的实现方法。

11.3.1　动作参数

PlayMaker 提供了一个用来接收滑块值的动作——UI Slider Get Value，利用此动作，可以获取 Slider 的值，并赋值给一个 Float 类型的变量，然后通过该变量可以方便地调用。如图 11-13 所示。

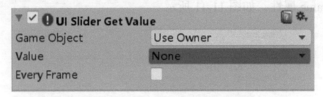

图 11-13　UI Slider Get Value 参数

该动作包括以下参数。

（1）Game Object：检测对象，默认值为 Use Owner（对象自身），也可通过下拉列表框选择其他特定对象。

（2）Value：存储获取到的数值，默认值为 None，类型为 Float。

（3）Every Frame：支持每帧都进行一次该运算，默认值为 false，不勾选。

11.3.2　实践案例

本节实现案例：滑块控制立方体旋转速度。

首先新建一个场景，在"层级"窗口空白处右击，在弹出的快捷菜单中依次选择"3D 对象｜立方体"选项。然后再次右击，在弹出的快捷菜单中依次选择"UI｜Slider"选项，完成在场景中新建一个 Cube 对象和 Slider 控件。"层级"窗口和"游戏"窗口如图 11-14 所示。

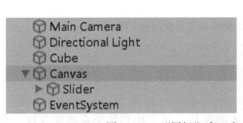

图 11-14　"层级"窗口和"游戏"窗口

接着，在"层级"窗口中选中 Slider 控件，然后打开 PlayMaker 编辑窗口，在 PlayMaker 编辑窗口空白处右击，在弹出的快捷菜单中选择"添加状态"选项，新建一个状态，修改名称为"设置旋转速度"，单击"动作浏览器"按钮，选择如图 11-15 所示的两个动作。

图 11-15　为 Slider 添加两个动作

　　然后，从 UI Slider Get Value 动作的 Value 属性的下拉列表框中选择"新建变量"，输入新的变量名 getvalue，勾选 Every Frame 属性。然后将 Rotate 动作的 Game Object 参数设置成 Specify Game Object，并将"层级"窗口中的 Cube 对象拖入其属性值中，最后将 Rotate 动作的 Y Angle 参数设置成 getvalue 变量，如图 11-16 所示。

图 11-16　Slider 的两个动作参数设置

单击"运行"按钮，在"游戏"窗口中滑动 Slider 的滑块，可以控制 Cube 绕 Y 轴的旋转速度。

11.4 选 择 勾 选

与滑动交互相似，选择勾选也是一种更具友好性的交互，可以简化用户的输入，方便规范化地收集用户数据。在 UI 中，选择勾选用到的控件主要有 Toggle 和 Dropdown，前者是以复选框的形式勾选，后者是以下拉列表框的方式选择。下面通过一个案例来讲解这两个控件的交互实现方式。

11.4.1 动作参数

对于 Dropdown 控件，PlayMaker 提供了一个获取其选项的动作——UI Drop Down Get Selected Data，如图 11-17 所示。该动作可以获取三种类型的值，分别为 Int、String 和 Sprite。

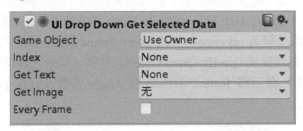

图 11-17 UI Drop Down Get Selected Data 参数

该动作包括以下参数：

（1）Game Object：检测对象，默认值为 Use Owner（对象自身），也可通过下拉列表框选择其他特定对象。

（2）Index：存储获取到的选项序号，默认值为 None，类型为 Int。

（3）Get Text：存储获取到的选项文本内容，默认值为 None，类型为 String。

（4）Get Image：存储获取到的选项的图片，默认值为"无"（None），类型为 Sprite。

（5）Every Frame：支持每帧都进行一次该运算，默认值为 false，不勾选。

而对于 Toggle 控件，可以利用 PlayMaker 中提供的 UI Toggle Get Is On 这一动作获取其选择状态。该控件只有两种状态：选中和未选中，所以获取其选择状态的属性也很简单。如图 11-18 所示。

该动作包括以下参数。

（1）Game Object：检测对象，默认值为 Use Owner（对象自身），也可通过下拉列表框选择其他特定对象。

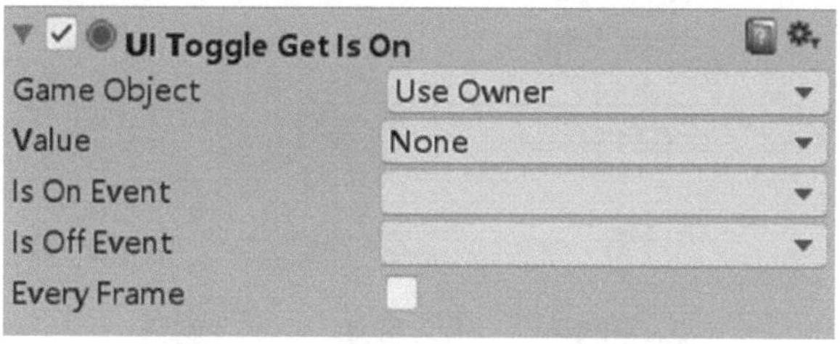

图 11-18　UI Toggle Get Is On 参数

（2）Value：存储获取到的选择状态，默认值为 None。

（3）Is On Event：当 Toggle 控件被选中后触发指定的事件，点开下拉列表会发现默认值为 None。

（4）Is Off Event：当 Toggle 控件未选中时触发指定的事件，点开下拉列表会发现默认值为 None。

（5）Every Frame：支持每帧都进行一次该运算，默认值为 false，不勾选。

11.4.2　实践案例

本节案例：选择实时显示。实现下拉列表选择显示和复选框选择实时显示。

步骤 1：搭建场景。新建一个场景，并在"层级"窗口选中 Main Camera 将背景调成纯白色，在"层级"窗口空白处右击，在弹出的快捷菜单中依次选择"UI | Dropdown"选项，再次右击，在弹出的快捷菜单中依次选择"UI | Toggle"选项，在场景中添加下拉列表和复选框两个控件，然后选中"层级"窗口中的 Dropdown，重命名为"下拉选项"，选中"层级"窗口中的 Toggle，重命名为"性别男"，然后同时按下键盘的 Ctrl+D 键四次，复制四个相同的 Toggle 控件，分别命名为"性别女"、"阅读"、"运动"、"旅行"，最后添加三个 Text 控件，用作显示选中的值，分别命名为"学号文本"、"性别文本"、"爱好文本"。

步骤 2：修改复选框的值。首先在"层级"窗口中选中"性别男"，在"检查器"窗口中找到对应的 Toggle 组件，将其"是开启的"属性取消勾选，这样就默认不勾选此复选框。然后在"层级"窗口中展开"性别男"控件层级，找到并选中其子对象 Label，在"检查器"窗口中找到相应的 Text 组件，修改其中的文本值为"男"。同样的方式，设置其他四个 Toggle 控件为默认不勾选，并修改文本值分别为"女"、"阅读"、"运动"、"旅行"。修改后的界面如图 11-19 所示。

步骤 3：在"层级"窗口中选中"下拉选项"控件，在"检查器"窗口中找到 Dropdown 组件，修改其中的 Options 属性值，即设置下拉列表的选项值。修改后的属性值如图 11-20 所示。

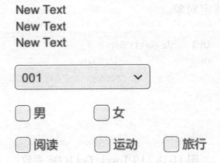

图 11-19 修改 Toggle 控件默认值后的界面图

图 11-20 修改"下拉选项"控件的 Options 属性值

步骤 4：实现性别只能选择一项的功能，这里就需要引入一个新的"开关组"的组件。使用"开关组"组件可以方便地实现一组选项的单选功能。为便于管理，首先，在"层级"窗口空白处右击，选择 Create Empty 新建一个空物体并命名为"开关组"，接着，选中此空物体，在"层级"窗口中单击"添加组件"按钮，在弹出的菜单中依次选择"UI│Toggle Group"选项，为此空物体添加一个"开关组"组件。以上操作如图 11-21 所示。

图 11-21 添加"开关组"组件

步骤 5：选中"性别男"，即"男"复选框控件，将新建的"开关组"对象拖入此控件的 Toggle 组件的 Group 属性值中，如图 11-22 所示。

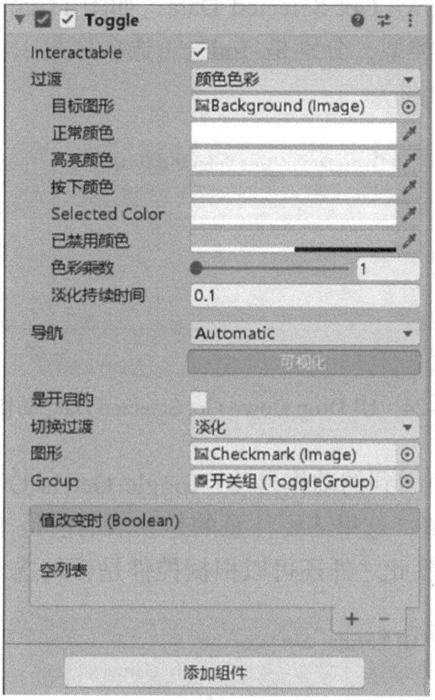

图 11-22　为"男"复选框控件添加"开关组"关联对象

同样的方式，将"性别女"，即"女"复选框控件的 Toggle 组件的 Group 属性值也设为"开关组"对象的 Toggle Group 组件。通过测试可以发现默认选择了其中一个，当选择另一个选项时，已经选择的选项会自动取消选择。这样就实现了"男""女"两个选项只能选择一个的功能。如图 11-23 所示。

New Text
New Text
New Text

001 ∨

☐男　　☑女

☐阅读　　☐运动　　☐旅行

图 11-23　"开关组"组件的作用

以上已经实现了 UI 设计，如下步骤实现 PlayMaker 控制。

步骤 6：要获取各个选择控件的选项值并显示在 Text 控件上。利用 PlayMaker 插件可以方便地实现此功能，获取 Dropdown（下拉列表）控件值用到的动作是 UI Drop Down Get Selected Data，如图 11-24 所示，此动作可以获取 Dropdown 的三种数据类型，分别是 Index（选项序号）、Get Text（文本值）和 Get Image（选项的背景图）。

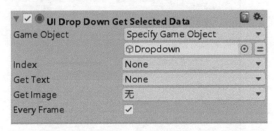

图 11-24　UI Drop Down Get Selected Data 动作参数

获取 Toggle 控件值用到的动作是 UI Toggle Get Is On，如图 11-25 所示。该动可以获取 Toggle 的值，这里需要注意的是获取的值是 Bool 类型的，即勾选为 true，未勾选为 false，除此之外还可以根据控件是否勾选来确定触发的事件。

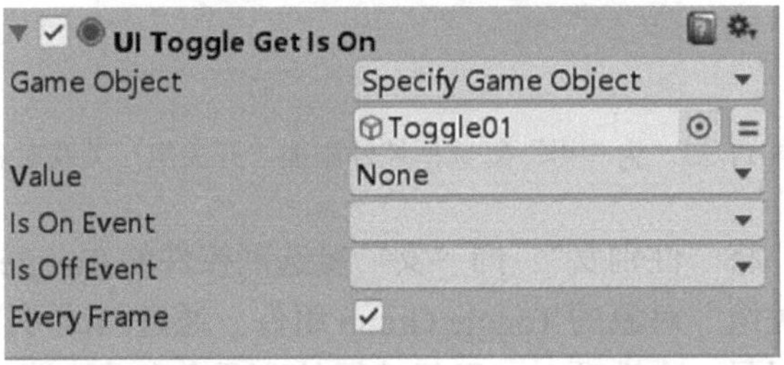

图 11-25　UI Toggle Get Is On 动作参数

步骤 7：选中"层级"窗口中的"学号"控件，在 PlayMaker 编辑窗口空白处右击，添加一个状态并命名为"显示文字"；接着单击变量栏，新建三个 String 类型的变量分别命名为 number、gander、hobby，再新建一个 Array 类型的变量，命名为 hobbies，并将其 Array Type 设置为"字符串"，Size 设置为 3，最后将四个变量全部转换成全局变量。以上操作如图 11-26 所示。

步骤 8：选中"层级"窗口中的"下拉选项"控件，打开 PlayMaker 编辑窗口，在空白处右击，新建一个状态并命名为"设置学号的值"；选中状态单击"动作浏览器"按钮，添加一个 UI Drop Down Get Selected Data 动作，并将其 Get Text 属性值设置为定义好的全局变量 number，勾选 Every Frame 属性值。以上操作如图 11-27 所示。

图 11-26　声明四个全局变量

图 11-27　为"下拉选项"控件添加状态机和动作

步骤 9：选中"层级"窗口中的"性别男"控件，打开 PlayMaker 编辑窗口，在空白处右击，新建两个状态并分别命名为"未勾选"和"勾选"；单击"事件"管理器，新建两个事件，分别命名为 Selected、Unselected；选中"未勾选"状态，为其添加 Selected 事件作为过渡并连接到"勾选"状态；选中"勾选"状态，为其添加 Unselected 事件作为过渡并连接回"未勾选"状态。以上操作如图 11-28 所示。

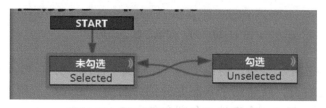

图 11-28　"性别男"控件状态机布局

步骤 10：选中"未勾选"状态，单击"动作浏览器"按钮，添加一个"UI Toggle Get Is On"动作，并将其 Is On Event 属性值设置为定义好的过渡事件 Selected，勾选 Every Frame 属性。以上操作如图 11-29 所示。

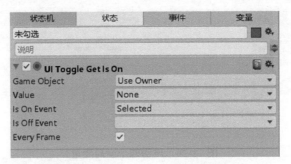

图 11-29　为"未勾选"状态添加动作

步骤 11：选中"勾选"状态，单击"动作浏览器"按钮，添加一个 Set String Value 动作，并将其 String Variable 属性值设置为定义好的变量 gander，设置 String Value 属性值为"男"，勾选 Every Frame 属性；再添加一个 UI Toggle Get Is On 动作，并将其 Is Off Event 属性值设置为定义好的过渡事件 Unselected，勾选 Every Frame 属性。以上操作如图 11-30 所示。

图 11-30　为"勾选"状态添加动作

步骤 12：选中"层级"窗口中的"性别女"控件，打开 PlayMaker 编辑窗口，在空白处右击，新建两个状态并分别命名为"未勾选"和"勾选"，单击"事件"管理器，新建两个事件，分别命名为 Selected、Unselected；选中"未勾选"状态，为其添加 Selected 事件作为过渡并连接到"勾选"状态；选中"勾选"状态，为其添加 Unselected 事件作为过渡并连接回"未勾选"状态。以上操作如图 11-31 所示。

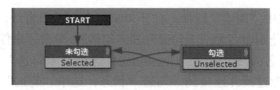

图 11-31　"性别女"控件状态机布局

步骤 13：选中"未勾选"状态，单击"动作浏览器"按钮，添加一个 UI Toggle Get Is On 动作，并将其 Is On Event 属性值设置为定义好的过渡事件 Selected，勾选 Every Frame 属性。以上操作如图 11-32 所示。

图 11-32　为"设置性别值为女"状态添加动作

步骤 14：选中"勾选"状态，单击"动作浏览器"按钮，添加一个 Set String Value 动作，并将其 String Variable 属性值设置为定义好的变量 gander，设置 String Value 属性值为"女"，勾选 Every Frame 属性；再添加一个 UI Toggle Get Is On 动作，并将其 Is Off Event 属性值设置为定义好的过渡事件 Unselected，勾选 Every Frame 属性。以上操作如图 11-33 所示。

图 11-33　为"勾选"状态添加动作

步骤 15：选中"阅读"控件，打开 PlayMaker 编辑窗口，在空白处右击，新建两个状态并分别命名为"未勾选"和"勾选"；单击"事件"标签，新建两个事件，分别命名为 Selected、Unselected；选中"未勾选"状态，为其添加 Selected 事件作为过渡并连接到"勾选"状态；选中"勾选"状态，为其添加 Unselected 事件作为过渡并连接回"未勾选"状态。以上操作如图 11-34 所示。

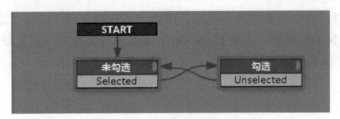

图 11-34   "阅读"控件状态机

步骤 16：选中"未勾选"状态，单击"动作浏览器"按钮，添加一个 UI Toggle Get Is On 动作，并将其 Is On Event 属性值设置为定义好的过渡事件 Selected，勾选 Every Frame 属性；添加一个 Array Set 动作，将其 Array 参数设置为定义好的全局变量 hobbies，Index 参数设置为 0，勾选 Every Frame 属性；再添加一个 String Join 动作，将其 String Array 参数设置为定义好的全局变量 hobbies，Store Result 参数设置为定义好的全局变量 hobby。以上操作如图 11-35 所示。

图 11-35   "阅读"控件的"未勾选"状态动作参数

步骤 17：选中"勾选"状态，单击"动作浏览器"按钮，添加一个 UI Toggle Get Is On 动作，并将其 Is Off Event 属性值设置为定义好的过渡事件 Unselected，勾选 Every Frame 属性；添加一个 Array Set 动作，将其 Array 参数设置为定义好的全局变量 hobbies，Index 参数设置为 0，Value 值为"阅读"，勾选 Every Frame 属性；再添加一个 String Join 动作，将其 String Array 参数设置为定义好的全局变量 hobbies，Store Result 参数设置为定义好的全局变量 hobby。以上操作如图 11-36 所示。

图 11-36　"阅读"控件的"勾选"状态动作参数

步骤 18：在 PlayMaker 编辑窗口中，拖动鼠标同时选中"阅读"控件的两个状态机，在选中的区域上右击，在弹出的快捷菜单中选择"拷贝状态"选项。然后分别选中"层级"窗口中的"运动"、"旅行"两个控件，在对应的 PlayMaker 编辑窗口中右击，在弹出的快捷菜单中选择"粘贴状态"选项，并修改各个状态属性如图 11-37～图 11-40 所示。

步骤 19：分别选中"层级"窗口中的"学号文本"、"性别文本"、"爱好文本"，打开 PlayMaker 编辑窗口，右击，新建名为"显示"的状态，单击"动作浏览器"按钮，为每一个文本控件的"显示"状态添加一个 UI Text Set Text 控件，分别设置如图 11-41～图 11-43 所示的属性。

步骤 13：在上个动作"选中"状态（示有动作的选择、按钮），添加一个 UI Toggle Get Is On 动作，并勾选 Is Off Event。添加值的设置区域及状态的选择项目 Unselected，如图 11-38 所示。然后，添加上个动作 Array Set 参数，设置为需要添加的内容（如：运动），如图 11-38 所示。在 Every Frame 里勾选。接着，在 String Join 的 String Array 里设置为 hobbies，与目标物体关联，然后设置存放变量 hobby。

图 11-37　"运动"控件的"未勾选"状态动作参数

图 11-38　"运动"控件的"勾选"状态动作参数

图 11-39　"旅行"控件的"未勾选"状态动作参数

图 11-40　"旅行"控件的"勾选"状态动作参数

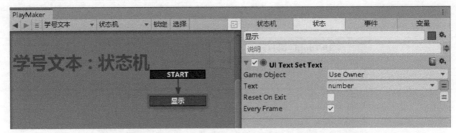

图 11-41　"学号文本"控件状态机及其动作参数

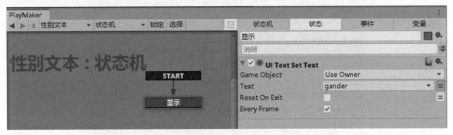

图 11-42　"性别文本"控件状态机及其动作参数

图 11-43　"爱好文本"控件状态机及其动作参数

至此，选择勾选交互案例制作完成，运行效果如图 11-44 所示。

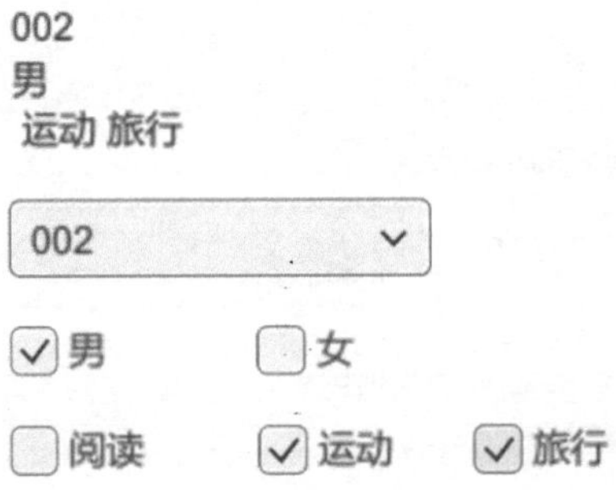

002
男
运动 旅行

002 ∨

☑男　　☐女

☐阅读　☑运动　☑旅行

图 11-44　选择勾选交互案例运行效果

本章小结

　　本章主要通过几个案例，介绍了按钮、文本、滑动条、下拉菜单和复选框在实际场景中的交互应用及其交互实现方式，利用 PlayMaker 提供的丰富的动作库，可以实现各个交互控件之间的联动，实现更加复杂的平面交互方式。本章所介绍的四种交互方式，是 Unity 中最常用的，对于其他交互方式，读者可参照本章所介绍的知识点进行拓展学习。

思考与实践

　　思考：

　　1. 对按钮控件而言，除"移入"、"移出"、"点击"事件外，还可以细分其他哪些交互事件？

　　2. 如何利用一个文本控件显示多行文本？

　　3. 如何改变滑块的滑动按钮样式？

　　4. 选择勾选的按钮组实现单选的基本原理是什么？可以有哪些具体的应用场景？

　　5. 除了本章介绍的四种基本交互方式，在 Unity 中还可以实现哪些平面交互？

　　实践：

　　1. 利用一个按钮控制场景的灯光开关。

　　2. 尝试改变按钮的显示和交互效果。

　　3. 利用"开关组"组件和复选框完成一道选择题的制作。

　　4. 尝试利用学过的组件自行设计一个登录界面并实现简单的登录功能。

第 12 章

空间运动交互

【学习目标】

1. 掌握实现变换运动的动作和方法
2. 掌握实现平移运动的动作和方法
3. 掌握实现选择运动的动作和方法
4. 掌握实现物理属性设置的动作和方法

对象在 Unity 场景中都会有自己的位置空间属性。通过对这些属性的设置，能直接控制对象的空间变化。PlayMaker 提供多个空间变化相关的动作类别，如控制对象的位置、角度、朝向、缩放、移动、旋转以及物理属性等，本章将详细讲解这些动作。

12.1 变 换 运 动

12.1.1 获取位置 Get Position

要让对象运动，首先需要获取对象的空间位置，如游戏中获取主角的位置信息。PlayMaker 提供 Get Position（获取位置）动作，用于获取对象的位置信息，如图 12-1 所示。

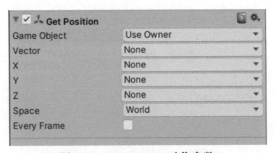

图 12-1 Get Position 动作参数

该动作包括以下参数。

（1）Game Object：要获取位置的对象，默认值为 User Owner。

（2）Vector：存放对象位置的值，默认值为 None。

（3）X：存放 X 轴的值，默认值为 None。

（4）Y：存放 Y 轴的值，默认值为 None。

（5）Z：存放 Z 轴的值，默认值为 None。

（6）Space：选择是世界坐标还是自身坐标，默认是 World（世界坐标）。

（7）Every Frame：设置每帧都进行一次该运算。默认为 false，不勾选，只执行一次。

12.1.2　设定位置 Set Position

如果对象不在预期位置，可以通过 PlayMaker 提供的 Set Position 动作来设置对象的位置，如图 12-2 所示。

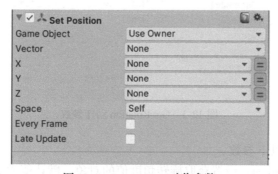

图 12-2　Set Position 动作参数

该动作包括以下参数。

（1）Game Object：要设置位置的对象，默认值为 User Owner。

（2）Vector：设置对象的位置值，默认值为 None。

（3）X：设置对象 X 轴的值，默认值为 None。

（4）Y：设置对象 Y 轴的值，默认值为 None。

（5）Z：设置对象 Z 轴的值，默认值为 None。

（6）Space：选择是世界坐标还是自身坐标，默认是自身坐标（Self）。

（7）Every Frame：设置每帧都进行一次该运算。默认为 false，不勾选，只执行一次。

（8）Late Update：推迟更新，默认为 false，不勾选。

提示：①Set Position 动作是设置绝对位置，也就是相对于场景坐标系的位置，如果想设置相对位置，也就是相对于游戏对象自身的位置，需要用当前位置加上偏移量。②如果游戏对象有 Character Controller 组件，那么在设置位置之前，需要先禁用它，然后再启用它，否则 Character Controller 可能会不更新它自己的 transform.position，导致位置错误。③如果想在切换场景时保持游戏对象的位置不变，可以用 Dont Destroy On Load 方法来防止游戏对象被销毁，然后，可以根据场景的入口和出口来调整游戏对象的位置。

12.1.3　获取旋转角度 Get Rotation

在游戏中，对象都有一个旋转角度大小的判断，例如，人的头不能 360°旋转，汽车的行驶方向是否正确，需要获取对象的旋转角度以做判断。PlayMaker 提供 Get Rotation（获取旋转角度）动作用于获取对象的旋转角度，如图 12-3 所示。

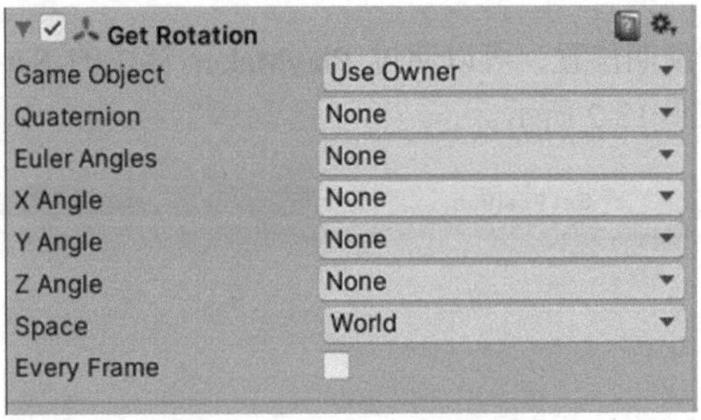

图 12-3　Get Rotation 动作参数

该动作包括以下参数。

（1）Game Object：设置获取旋转角度值的对象，默认值为 Use Owner。

（2）Quaternion：四元素旋转的值，默认值为 None。

（3）Euler Angles：欧拉旋转的值，默认值为 None。

（4）X Angle：以 X 轴为中心旋转的值，默认值为 None。

（5）Y Angle：以 Y 轴为中心旋转的值，默认值为 None。

（6）Z Angle：以 Z 轴为中心旋转的值，默认值为 None。

（7）Space：选择是世界坐标还是自身坐标，默认是世界坐标（World）。

（8）Every Frame：设置每帧都进行一次该运算。默认为 false，不勾选，只执行一次。

12.1.4　设定旋转角度 Set Rotation

在游戏中，对象的旋转是十分常见的，如人形的对象面部的朝向、太空中自己旋转的陨石等。PlayMaker 提供 Set Rotation（设置旋转角度）动作，用于控制对象的旋转，如图 12-4 所示。

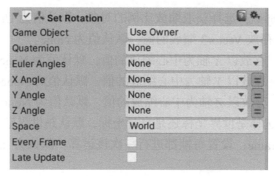

图 12-4　Set Rotation 动作参数

该动作包括以下参数。

（1）Game Object：要获取位置的对象，默认值为 Use Owner。

（2）Quaternion：四元素旋转的值，默认值为 None。

（3）Euler Angles：欧拉旋转的值，默认值为 None。

（4）Vector：存放对象位置的值，默认值为 None。

（5）X Angle：存放 X 轴的值，默认值为 None。

（6）Y Angle：存放 Y 轴的值，默认值为 None。

（7）Z Angle：存放 Z 轴的值，默认值为 None。

（8）Space：选择是世界坐标还是自身坐标，默认是世界坐标（World）。

（9）Every Frame：设置每帧都进行一次该运算。默认为 false，不勾选，只执行一次。

12.1.5　获取缩放比例 Get Scale

与获取对象旋转的角度类似，开发者也可以获取对象的缩放比例。例如，获取对象的缩放比例后，可以将其存储在一个变量中，以便在状态机的其他部分使用。PlayMaker 提供 Get Scale 动作，用于获取对象缩放比例，如图 12-5 所示。

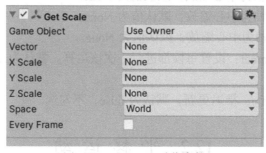

图 12-5　Get Scale 动作参数

该动作包括以下参数。

（1）Game Object：选择获取缩放比例的对象，默认值为 Use Owner。

（2）Vector：存放 Vector3 缩放的值，默认值为 None。

（3）X Scale：存放以 X 轴为中心缩放的值，默认值为 None。

（4）Y Scale：存放以 Y 轴为中心缩放的值，默认值为 None。

（5）Z Scale：存放以 Z 轴为中心缩放的值，默认值为 None。

（6）Space：选择是世界坐标还是自身坐标，默认是世界坐标（World）。

（7）Every Frame：设置每帧都进行一次该运算。默认为 false，不勾选，只执行一次。

12.1.6 设定缩放 Set Scale

在手机游戏《小黄人》中，当小黄人吃到某些道具后会变大，然后道具效果失效后会变小，这里使用到了对对象的缩放效果。PlayMaker 提供 Set Scale 动作，用于设置对象的缩放值，如图 12-6 所示。

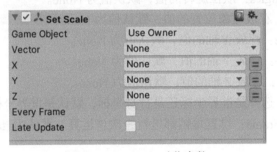

图 12-6　Set Scale 动作参数

该动作包括以下参数。

（1）Game Object：选择缩放的对象，默认值为 Use Owner。

（2）Vector：Vector3 缩放的值，默认值为 None。

（3）X：以 X 轴为中心缩放，默认值为 None。

（4）Y：以 Y 轴为中心缩放，默认值为 None。

（5）Z：以 Z 轴为中心缩放，默认值为 None。

（6）Every Framer：设置每帧都进行一次该运算。默认为 false，不勾选，只执行一次。

（7）Late Update：推迟更新，默认为 false，不勾选。

12.2　平移运动

对象在场景中进行自主移动是常见操作。PlayMaker 提供移动对象的相关动

作，如平稳移动对象、朝某个方向/某个对象移动、跟随移动等。本节将详细讲
解这些动作。

12.2.1　匀速移动 Translate

移动对象最简单的就是将一个对象匀速移动到另外一个点。PlayMaker 提供
Translate 动作，用于匀速移动对象，如图 12-7 所示。

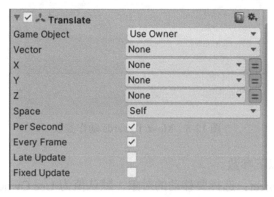

图 12-7　Translate 动作参数

该动作包括以下参数。

（1）Game Object：选择应移动的对象，默认值为 Use Owner。

（2）Vector：存放 Vector3 移动的值，默认值为 None。

（3）X：沿 *X* 轴移动的值，默认值为 None。

（4）Y：沿 *Y* 轴移动的值，默认值为 None。

（5）Z：沿 *Z* 轴移动的值，默认值为 None。

（6）Space：选择是世界坐标还是自身坐标（World/Self），默认是世界坐标
（World）。

（7）Per Second：选中状态会将每帧运行一次，替换为每秒运行一次，默认
值为 false，不勾选。

（8）Every Frame：设置每帧都进行一次该运算。默认为 false，不勾选，每
帧执行一次。

（9）Late Update：推迟更新，Late Update 是晚于所有 Update 后执行，默认
值为 false，不勾选。

（10）Fixed Update：固定更新，在固定的时间间隔执行，不受游戏帧率的影
响，默认值为 false，不勾选。

12.2.2 朝向移动 Move Towards

在桌球游戏中，当单击白球后，白球会朝着彩球撞击过去。这种场景就是使一个对象向另外一个对象移动。PlayMaker 提供 Move Towards（朝向移动）动作，用于将对象向一个特定的点或者特定的对象进行移动，如图 12-8 所示。

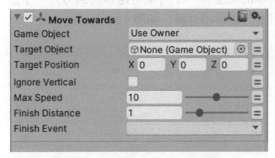

图 12-8　Move Towards 动作参数

该动作包括以下参数。

（1）Game Object：选择要移动的对象，默认值为 Use Owner。

（2）Target Object：选择目标对象，默认值为 None（Game Object）。

（3）Target Position：设置移动的目标位置。

（4）Ignore Vertical：忽略目标的高度差，默认为 false，不勾选。

（5）Max Speed：移动的最大速度，默认值为 10。

（6）Finish Distance：对象移动完成后，对象距离目标位置或目标对象的距离，默认值为 1。

（7）Finish Event：当移动至终点后，发送指定事件，默认值为 None。

12.2.3 跟随移动 Smooth Follow Action

在游戏中，常常会遇到宠物跟着游戏主角跑，或者摄像机追随视角的场景。这些场景就是通过游戏跟随实现的效果。PlayMaker 提供 Smooth Follow Action（跟随移动）动作，令一个对象跟随另外一个对象进行移动，如图 12-9 所示。

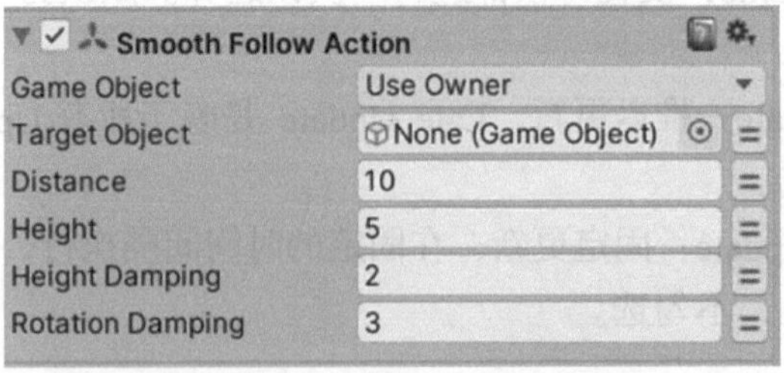

图 12-9　Smooth Follow Action 动作参数

该动作包括以下参数。

（1）Game Object：设置跟随的对象，默认值为 Use Owner。

（2）Target Object：设置主动移动的对象，默认值为 None（Game Object）。

（3）Distance：在 X 轴和 Z 轴平面中跟随的对象与主动移动的对象的距离，默认是 10，最小值为 0。

（4）Height：跟随的对象与主动移动的对象的高度差值，默认是 10，最小值为 5。

（5）Height Damping：高度恢复阻力，值越大恢复越快，默认值为 2。

（6）Rotation Damping：旋转恢复阻力，值越大恢复越快，默认值为 3。

12.3　旋　转　运　动

对象的旋转运动十分常见。PlayMaker 提供多个旋转相关动作，包括匀速旋转对象、朝某个对象旋转以及 2D 平滑旋转。本节将详细介绍这些动作。

12.3.1　匀速旋转 Smooth Look At Direction

旋转对象最基本的操作就是将对象向一个方向匀速旋转，例如，人形对象的向左向右缓慢旋转。PlayMaker 提供 Smooth Look At Direction（匀速旋转）动作可以让对象以正向向量向特定的方向进行匀速旋转，如图 12-10 所示。

该动作包括以下参数。

（1）Game Object：要旋转的对象，默认值为 Use Owner。

（2）Target Direction：旋转的方向矢量值，默认值为 None。

（3）Min Magnitude：旋转所需的方向矢量的最小长度，如果小于这个值就不旋转，默认值为 0.1。

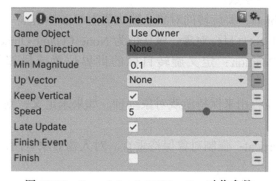

图 12-10　Smooth Look At Direction 动作参数

（4）Up Vector：用来保持游戏对象垂直。如果未定义，则使用 Y 轴，默认值为 None。

（5）Keep Vertical：强制对象保持垂直。对于人物类型对象有用，默认值为true，勾选。

（6）Speed：旋转的速度，默认值为 5。

（7）Late Update：推迟更新，Late Update 是晚于所有 Update 后执行，默认值为 true，勾选。

（8）Finish Event：当旋转完成后发送某个事件，默认值为 None。

（9）Finish：勾选为完成，默认值为 false。

12.3.2　朝向旋转 Smooth Look At

游戏中，对象会以另外一个对象为目标进行旋转，例如，瞄准时人物会追寻目标进行旋转。PlayMaker 提供 Smooth Look At（朝向旋转）动作，可以让对象以一个对象或一个世界位置进行匀速旋转，如图 12-11 所示。

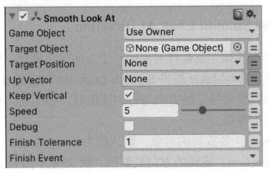

图 12-11　Smooth Look At 动作参数

该动作包括以下参数。

（1）Game Object：要旋转的对象，默认值为 Use Owner。

（2）Target Object：目标对象，默认值为 None（Game Object）。

（3）Target Position：定义旋转目标的世界位置或局部偏移，默认值为 None。

（4）Up Vector：用来保持游戏对象垂直。如果未定义，则使用 Y 轴，默认值为 None。

（5）Keep Vertical：强制对象保持垂直。对人物对象有用，默认值为 true，勾选。

（6）Speed：旋转的速度，默认值为 5。

（7）Debug：当设置为 true，即勾选时，可以在"场景"窗口中显示辅助线，默认值为 false，不勾选。

（8）Finish Tolerance：用于判断 Smooth Look At 动作完成的阈值。当被旋转的对象与目标方向之间的角度差小于等于 Finish Tolerance 的值时，动作被认为已完成。该参数的默认值为 1，单位为度（°）。

（9）Finish Event：当旋转完成后发送某个事件，默认值为 None。

12.3.3　原地旋转 Rotate

对象可以在原地进行旋转。例如，雷达在扫描时会不断地原地旋转。Rotate（原地旋转）的动作参数如图 12-12 所示。

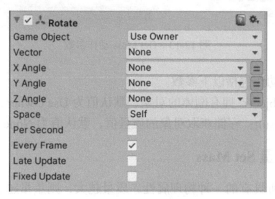

图 12-12　Rotate 动作参数

该动作包括以下参数。

（1）Game Object：选择物体，默认值是 Use Owner。

（2）Vector：旋转值的 Vector3 变量。

（3）X Angle：X 轴上的旋转值。

（4）Y Angle：Y 轴上的旋转值。

（5）Z Angle：Z 轴上的旋转值。

（6）Space：世界坐标或自身坐标（World/Self）。

（7）Per Second：是否以秒为单位，等效于乘 Time.deltaTime。

（8）Every Frame：是否每帧执行。

（9）Late Update：推迟更新，Late Update 是晚于所有 Update 后进行执行，默认值为 true，勾选。

（10）Fixed Update：是否在 Fixed Update 函数中执行。

12.4 物 理 属 性

12.4.1 获取质量 Get Mass

获取刚体对象的质量可以用于计算对象的运行速度、摩擦力、加速度等属性。PlayMaker 提供 Get Mass（获取质量）动作，用于获取刚体的质量，但要求对象必须拥有刚体组件，如图 12-13 所示。

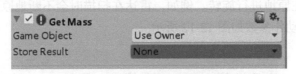

图 12-13　Get Mass 动作参数

Get Mass 的动作包括以下参数。

（1）Game Object：拥有刚体的对象，默认值为 Use Owner。

（2）Store Result：存储获取对象的质量值，默认值为 None。

12.4.2 设置质量 Set Mass

质量是物体所具有的一种物理属性，质量越大，则重量越大。PlayMaker 提供 Set Mass（设置质量）动作，用于设置刚体的质量，其参数如图 12-14 所示。

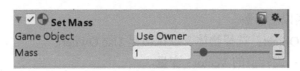

图 12-14　Set Mass 动作参数

Set Mass 的动作包括以下参数。

（1）Game Object：拥有刚体的对象，默认值为 Use Owner。

（2）Mass：刚体的质量，范围为 0.1～10，默认值为 1，单位为千克（kg）。

12.4.3 设置阻力 Set Drag

刚体阻力是模仿现实中运行的一些阻力，如空气阻力、水的阻力等。PlayMaker 提供 Set Drag（设置阻力）动作用于设置刚体的阻力，其参数如图 12-15 所示。

图 12-15　Set Drag 动作参数

Set Drag 动作包括以下参数。

（1）Game Object：拥有刚体的对象，默认为 Use Owner。

（2）Drag：设置刚体的阻力值，默认值为 1，单位为牛（N）。

（3）Every Frame：每帧都进行一次运算，默认值为 false，不勾选。

12.4.4　获取速度 Get Speed

获取对象的速度可以用 UI 文本来显示，如汽车、小球等物体的运动速度。PlayMaker 提供了 Get Speed（获取速度）动作，用于获取带有刚体组件对象的速度，前提是对象必须拥有刚体组件，其参数如图 12-16 所示。

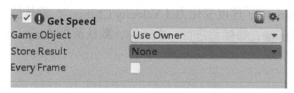

图 12-16　Get Speed 动作参数

Get Speed 的动作包括以下参数。

（1）Game Object：拥有刚体的对象，默认为 Use Owner。

（2）Store Result：存储获取到对象的质量值，默认值为 None

（3）Every Frame：每帧都进行一次运算，默认值为 false，不勾选。

12.4.5　添加力 Add Force

有时需要适当给对象增加一个力使其移动。PlayMaker 提供动作 Add Force，用于为对象添加一个力，对象必须拥有一个刚体组件，其参数设置如图 12-17 所示。

Add Force 的动作包括以下参数。

（1）Game Object：拥有刚体的对象，默认为 Use Owner。

（2）At Position：对象上添加力的位置，默认为 None。

（3）Vector：Vector3 变量添加力，默认为 None。

（4）X：X轴分量，默认值为 None。

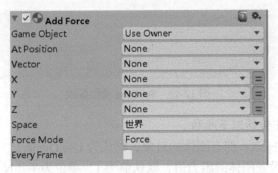

图 12-17　Add Force 动作参数

（5）Y：Y 轴分量，默认值为 None。

（6）Z：Z 轴分量，默认值为 None。

（7）Space：坐标系类型，可选值为世界坐标或自身坐标（World/Self），默认值为 World。

（8）Force Mode：用力模式，包括真实的物理力（Force）、冲击力（Impulse）、加速力（Acceleration）、速度变化力（Velocity Change），默认值为 Force。

（9）Every Frame：每帧都进行一次运算，默认值为 false，不勾选。

本章小结

本章详解了 Unity 中使用 PlayMaker 实现变换运动、平移运动、旋转运动、物理属性的动作和方法。本章内容较多，建议通过自建案例的方法对这些动作逐一进行尝试，通过实践真正掌握动作使用的方法。

思考与实践

实践：

1. 使用变化运动相关动作控制对象的位置、旋转和缩放。

2. 使用平移运动相关动作控制对象平移、朝向运动和跟随运动。

3. 使用旋转运动相关动作控制对象的运行旋转、朝向旋转和原地旋转。

4. 使用场景控制相关动作控制加载场景、卸载场景以及退出程序。

5. 使用物理属性设置获取物体的质量，设置阻力，获取速度，给对象添加动力。

第 13 章

其 他 交 互

【学习目标】

1. 掌握实现动画控制的动作和方法
2. 掌握实现声音控制的动作和方法
3. 掌握实现对象控制的动作和方法
4. 掌握实现时间控制的动作和方法
5. 掌握实现场景控制的动作和方法
6. 掌握实现逻辑处理的动作和方法

PlayMaker 提供的交互动作包括 46 个大类，770 个动作，但限于篇幅不能一一介绍。本章重点介绍虚拟现实开发过程中较为常用的动画控制、声音控制、对象控制、时间控制、场景控制和逻辑处理的动作，其余动作学习者可通过本书附录二进行学习。

13.1 动 画 控 制

13.1.1 设置状态机布尔值 Set Animator Bool

动画状态机中的参数可以设置为布尔型变量。PlayMaker 使用动作 Set Animator Bool 设置动画状态机中的布尔型变量参数的值，如图 13-1 所示。

图 13-1 Set Animator Bool 动作参数

该动作包括的参数如下。

（1）Game Object：拥有 Animator 组件的游戏对象，默认值为 Use Owner。

（2）Parameter：动画状态机的参数名称，如果没有填入参数，则显示红色，提示需要选择参数。

（3）Value：布尔型变量的值，默认是 false，不勾选。

（4）Every Frame：设置每帧都进行一次该运算，默认是 false，不勾选。

13.1.2 设置状态机浮点值 Set Animator Float

动画状态机中的参数可以设置为浮点型变量。PlayMaker 使用动作 Set Animator Float 设置动画状态机中的浮点型变量参数的值，如图 13-2 所示。

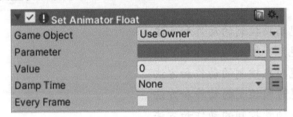

图 13-2　Set Animator Float 动作参数

该动作包括的参数如下。

（1）Game Object：拥有 Animator 组件的游戏对象，默认值为 Use Owner。

（2）Parameter：动画状态机的参数名称，如果没有填入参数，则显示红色，提示需要选择参数。

（3）Value：浮点型变量的值，默认值为 0。

（4）Damp Time：设置参数的抑制时间，该属性会影响参数达到指定值的时间，需要选中 Every Frame 属性，默认值为 None。

（5）Every Frame：设置每帧都进行一次该运算，默认是 false，不勾选。

13.1.3 设置状态机整型值 Set Animator Int

动画状态机中的参数可以设置为整型变量。PlayMaker 使用 Set Animator Int（设置状态机整型值）动作设置动画状态机中的整型变量参数的值，如图 13-3 所示。

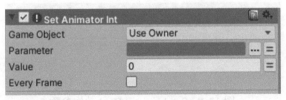

图 13-3　Set Animator Int 动作参数

该动作包括的参数如下。

（1）Game Object：拥有 Animator 组件的游戏对象，默认值为 Use Owner。

（2）Parameter：动画状态机的参数名称，如果没有填入参数，则显示红色，提示需要选择参数。

（3）Value：整型变量的值，默认值为 0。

（4）Every Frame：设置每帧都进行一次该运算，默认是 false，不勾选。

13.1.4　设置激活的触发器参数 Set Animator Trigger

PlayMaker 使用 Set Animator Trigger（设置激活的触发器参数）动作设置动画状态机中的触发器参数为激活状态，如图 13-4 所示。

图 13-4　Set Animator Trigger 动作参数

该动作包括的参数如下。

（1）Game Object：拥有 Animator 组件的游戏对象，默认值为 Use Owner。

（2）Trigger：触发器参数名称，如果没有填入参数，则显示红色，提示需要选择参数。

13.2　声　音　控　制

13.2.1　设置音频文件 Set Audio Clip

在游戏中音频文件的使用是必不可少的，如开场背景音乐。PlayMaker 提供专用动作 Set Audio Clip 用于设置 Audio Source 组件的音频文件，如图 13-5 所示。

图 13-5　Set Audio Clip 动作参数

该动作包括以下参数。

（1）Game Object：设置音频源的对象，默认值为 Use Owner。

（2）Audio Clip：要设置的音频文件，默认值为"无（音频剪辑）"。

提示：

在 PlayMaker 中，Audio 相关的很多动作都需要与 Audio Source 组件配合使用，否则就会出现报错信息，如提示缺少音频组件。在动作中，用红色警告提示。遇到这种情况，只需要为对象添加相应组件或者双击红色提示框即可解决。

13.2.2 设置音量大小 Set Audio Volume

在游戏中，会分别控制对象所包含的音频文件的音量大小、背景音乐、开局音乐等。PlayMaker 使用 Set Audio Volume（设置音量大小）动作设置游戏中特定对象的音频文件的音量大小，如图 13-6 所示。

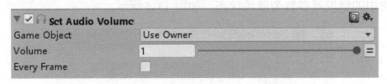

图 13-6　Set Audio Volume 动作参数

该动作包括以下参数。

（1）Game Object：设置要控制音量的对象，默认值为 Use Owner。

（2）Volume：控制音量值的大小。最大是 1，最小是 0，默认值为 1。

（3）Every Frame：设置每帧都进行一次该运算，默认是 false，不勾选，只执行一次。

13.2.3 音频播放 Audio Play

在游戏中，音频文件可以通过专门的按钮控制播放功能。PlayMaker 提供 Audio Play（音频播放）动作用于播放音频文件，如图 13-7 所示。

图 13-7　Audio Play 动作参数

该动作包括以下参数。

（1）Game Object：选择要拥有音频的对象，默认值为 Use Owner。

（2）Volume：控制音量值的大小。最大是 1，最小是 0，默认值为 1。

（3）One Shot Clip：播放一次声音，默认值为"无（音频剪辑）"。只是播放一次指定的声音，不会影响对象的自带声音。

（4）Wait For End Of Clip：表示在播放完整个音频剪辑之前是否等待，默认值是 false，不勾选。如果勾选，程序将等待音频剪辑播放完毕后再执行下一个动作。如果不勾选，程序将立即执行下一个动作，而不管音频剪辑是否已经播放完毕。

（5）Finished Event：当声音播放完毕后发送一个事件。

13.2.4　音频暂停 Audio Pause

在游戏中，用户可以通过暂停操作来暂停游戏音乐。PlayMaker 提供 Audio Pause（音频暂停）动作，用来暂停音频的播放，如图 13-8 所示。

图 13-8　Audio Pause 动作参数

该动作包括以下一项参数。

Game Object：选择要拥有音频的对象，默认值为 Use Owner。

13.2.5　音频停止 Audio Stop

与暂停不同，停止音乐会直接终止音乐的播放。当再次播放时，音乐会从头开始播放。PlayMaker 提供 Audio Stop（音频终止）动作，用来停止音频的播放，如图 13-9 所示。

图 13-9　Audio Stop 动作参数

该动作包括以下一项参数。

Game Object：选择要拥有音频的对象，默认值为 Use Owner。

13.3　对 象 控 制

13.3.1　设置对象状态 Activate Game Object

PlayMaker 中使用 Activate Game Object（设置对象状态）动作激活或禁用游

戏对象，如图 13-10 所示。

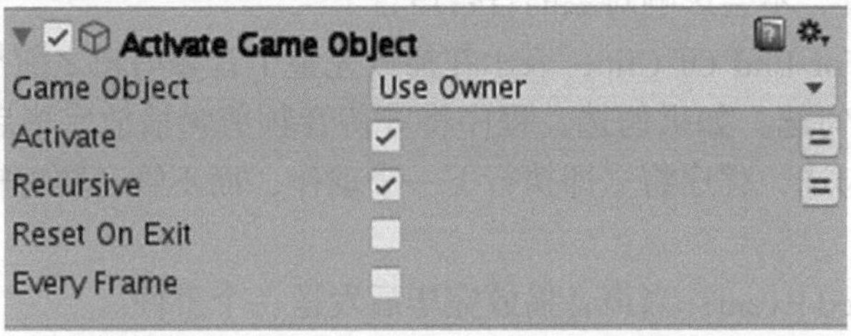

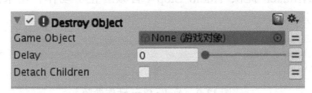

图 13-10　Activate Game Object 动作参数

该动作包括以下参数。

（1）Game Object：指定对象，默认值为 Use Owner。

（2）Activate：设置激活状态，激活或者非激活，默认是 true，勾选。

（3）Recursive：状态是否适用于所有子对象，默认是 true，勾选。

（4）Reset On Exit：在退出时反向激活动作，默认是 false，不勾选。

（5）Every Frame：设置每帧都进行一次该运算，默认是 false，不勾选，只执行一次。

13.3.2　销毁对象 Destroy Object

对象的销毁在游戏中十分常见，可以有效地降低游戏的运行负荷。例如，子弹或者大量死亡后的电脑人尸体会在显示一定时间后销毁。PlayMaker 使用动作 Destroy Object（销毁对象）实现对象销毁的功能，如图 13-11 所示。

图 13-11　Destroy Object 动作参数

该动作包括以下参数。

（1）Game Object：指定要销毁的对象。

（2）Delay：指定销毁对象的延时时间，默认值为 0。

（3）Detach Children：在销毁对象前是否分离子对象，默认是 false，不勾选。

13.3.3　销毁状态机所有者对象 Destroy Self

有时需要消除当前状态所属的对象。PlayMaker 使用 Destroy Self（销毁状态机所有者对象）动作消除当前状态所属的对象，如图 13-12 所示。

图 13-12　Destroy Self 动作参数

该动作包括以下参数。

Detach Children：在销毁对象前，分离子对象，默认是 false，不勾选。

13.4　时 间 控 制

13.4.1　获取游戏时间 Get Time Info

在经典红白机中的游戏《超级玛丽》，每一关都有时间限制。用户快速完成游戏后会有奖励。如果在规定时间没有完成游戏，则判断通关失败。这里的奖励以及判断失败就需要获取游戏的时间。PlayMaker 提供 Get Time Info（获取游戏时间）动作，用于获取游戏时间，如图 13-13 所示。

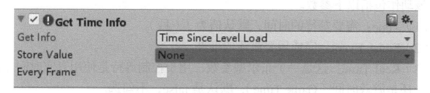

图 13-13　Get Time Info 动作参数

该动作包括以下参数。

（1）Get Info：获取的信息，包括 Delta Time、Time Scale、Smooth Delta Time、Time In Current State、Time Since Startup、Time Since Level Load、Real Time Since Startup、Real Time In Current State，默认值为 Time Since Level Load。

①Delta Time：以秒计算，完成上一帧的时间。

②Time Scale：时间刻度。

③Smooth Delta Time：平滑时间。

④Time In Current State：在当前状态中花费的时间。

⑤Time Since Startup：在游戏开始后经过了多长时间。

⑥Time Since Level Load：从最后加载关卡或者状态到现在所用的时间。

⑦Real Time Since Startup：自游戏开始的真实时间，游戏暂停也会继续计算时间。

⑧Real Time In Current State：真正在当前状态中花费的时间，游戏暂停也会继续计算时间。

（2）Store Value：将时间信息存储在一个浮点型变量中，默认值为 None。

（3）Every Frame：设置每帧都进行一次该运算，默认是 false，不勾选，只执行一次。

13.4.2 特定时间等待 Wait

特定时间等待的运用十分广泛，例如，经典游戏《反恐精英》（CS）中的 C4 炸弹在安装后会在特定时间内爆炸。PlayMaker 提供了 Wait（特定时间等待）动作，可以实现设置特定的时间用于等待，如图 13-14 所示。

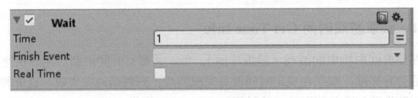

图 13-14　Wait 动作参数

该动作包括以下参数。

（1）Time：需要等待的时间，默认值为 1（秒）。

（2）Finish Event：完成后要激活的事件。

（3）Real Time：这是一个布尔型参数，用于控制等待是使用真实时间（Real Time）还是游戏时间（Game Time），默认是 false，不勾选。

13.4.3 随机时间等待 Random Wait

在模拟现实类型的游戏中，随机等待时间的使用能让用户有更加真实的感受，而不是千篇一律，例如，在《欧洲卡车模拟》中的红绿灯等待时间长短都是随机的。PlayMaker 提供了 Random Wait（随机时间等待）动作，可以设置随机长度的时间用于等待。开发者可以设置时间的最大值和最小值，从而在该范围内产生随机时间用于等待，如图 13-15 所示。

图 13-15　Random Wait 动作参数

该动作包括以下参数。

（1）Min：等待的最短时间，默认值为 0（秒）。

（2）Max：等待的最长时间，默认值为 1（秒）。

（3）Finish Event：等待时间完成后要激活的事件。

（4）Real Time：忽略时间尺度，默认是 false，不勾选。

13.5 场 景 控 制

13.5.1 加载场景 Load Scene

当场景进度执行完成后，就需要加载另外一个场景，并开始新的游戏进度。PlayMaker 提供 Load Scene（加载场景）动作，通过 Unity 菜单"文件|生成设置"中场景的索引或场景的名称，加载场景，如图 13-16 所示。

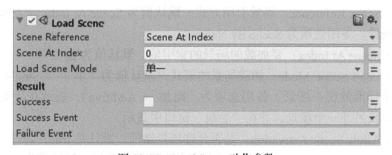

图 13-16　Load Scene 动作参数

该动作包括以下参数。

（1）Scene Reference：场景引用方式。默认值为 Scene At Index，表示根据索引引入场景。备用选项为 Scene By Name，表示根据名称引入场景。

（2）Scene At Index：要加载的场景的索引值，默认值为 0。

（3）Load Scene Mode：加载场景的模式，默认值为"单一"（Single），表示加载一个标准的统一场景。备选项为"附加"（Additive），表示在活动状态的场景中加载另外一个场景，并在"层级"窗口中显示。

13.5.2 异步加载场景 Load Scene Asynch

PlayMaker 提供 Load Scene Asynch（异步加载场景）动作，用于异步加载场景，如图 13-17 所示。

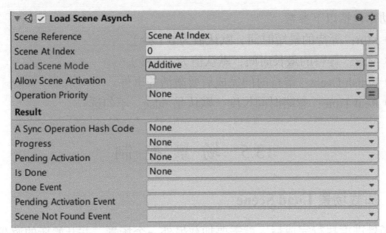

图 13-17　Load Scene Asynch 动作参数

该动作包括以下 13 个参数。

（1）Scene Reference：场景引用方式。默认值为 Scene At Index，表示根据索引引入场景。备用选项为 Scene By Name。

（2）Scene At Index：要加载的场景的索引值，默认值为 0。

（3）Load Scene Mode：加载场景的模式，默认值为"单一"（Single），表示加载一个标准的统一场景。备用选项为"附加"（Additive），表示在活动状态的场景中加载另外一个场景，并在"层级"窗口中显示。

（4）Allow Scene Activation：是否允许场景激活，默认是 true，勾选。

（5）Operation Priority：调整异步加载的调用执行顺序，默认值为 None。

（6）A Sync Operation Hash Code：使用 Hash 值同步激活的场景名称。若 Allow Scene Activation 属性为 None，则需要通过该属性去加载场景。

（7）Progress：加载场景的进度，默认值为 None。

（8）Pending Activation：判断场景状态，需要自定义一个布尔型变量存储返回结果。如果场景加载完成，并处于等待激活状态，则返回 true；否则，返回 false。默认值为 None。

（9）Is Done：判断场景加载结果，需要自定义一个布尔型变量存储返回结果。如果成功，返回 true；否则，返回 false。默认值为 None。

（10）Done Event：如果场景加载完成，触发指定事件，默认值为 None。

（11）Pending Activation Event：如果场景加载，但需要等待激活，则触发指定事件。默认值为 None。

（12）Scene Not Found Event：如果未找到要加载的场景，则触发指定事件。默认值为 None。

13.5.3 异步卸载场景 Unload Scene Asynch

当场景不再需要或者需要销毁时，就需要将场景进行卸载。PlayMaker 使用 Unload Scene Asynch（异步卸载场景）动作，通过场景名称或者索引卸载指定场景，如图 13-18 所示。

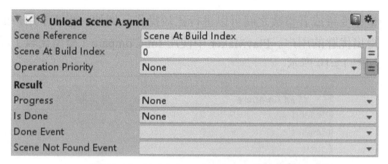

图 13-18   Unload Scene Asynch 动作参数

该动作包括以下参数。

（1）Scene Reference：场景引用方式。默认值为 Scene At Build Index，表示根据索引引入场景。备用选项如下。

①Active Scene：表示当前已激活场景的名称。

②Scene At Index：表示要卸载的场景索引。

③Scene By Name：表示要卸载的场景名称。

④Scene By Path：表示要卸载的场景路径，默认值为 None。

⑤Scene By Game Object：表示要卸载的对象所在场景。

（2）Scene At Build Index：表示依据场景构建的索引值卸载场景，默认值为 0。

（3）Operation Priority：调整异步操作调用的执行顺序，默认为 None。

（4）Progress：卸载的进度，默认值为 None。

（5）Is Done：判断卸载是否完成，需要自定义一个布尔型变量存储返回结果。如果完成，返回 true；否则，返回 false。

（6）Done Event：指定卸载完成时触发指定事件，默认值为 None。

（7）Scene Not Found Event：没有发现要卸载的场景触发指定事件，默认值为 None。

13.5.4 应用程序退出 Application Quit

游戏运行会一直占用设备的硬件资源，在不进行游戏的状态下，需要将其完全退出。PlayMaker 中使用 Application Quit（应用程序退出）实现应用程序完全退出功能。该动作没有任何参数。

13.6 逻 辑 处 理

13.6.1 整型比较 Int Compare

两个整型变量或者整数之间可以进行比较操作。例如，将两个用户的得分进行比较，得出优胜的用户。PlayMaker 中使用 Int Compare（整型比较）动作实现该功能，如图 13-19 所示。

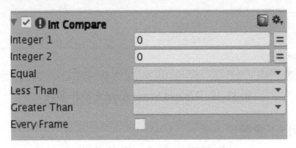

图 13-19 Int Compare 动作参数

该动作包括以下参数。

（1）Integer 1：第一个整型值或者整型变量，默认值为 0。

（2）Integer 2：第二个整型值或者整型变量，默认值为 0。

（3）Equal：如果值相同，则触发指定事件，默认值为 None。

（4）Less Than：如果第一个整型值小于第二个整型值，则触发指定事件，默认值为 None。

（5）Greater Than：如果第一个整型值大于第二个整型值，则触发指定事件，默认值为 None。

（6）Every Frame：设置每帧都进行一次该运算，默认为 false，不勾选，只执行一次。

13.6.2 整型分支 Int Switch

整型变量可以一对多进行比较，然后触发对应事件。例如，进行等级判断时，当等级达到某个值时，进行升级或者属性改变。PlayMaker 中使用 Int Switch（整型分支）动作实现该功能，如图 13-20 所示。

该动作包括以下参数。

（1）Int Variable：用于比较的整型变量，默认值为 None，该项为必须设置项。

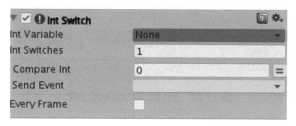

图 13-20 Int Switch 动作参数

（2）Int Switches：整型分支判断备选项个数，默认为 1。

（3）Compare Int：用于判断选项用于比较的值，默认值为 1。

（4）Send Event：如果值相同则触发指定事件，默认值为 None。

（5）Every Frame：设置每帧都进行一次该运算，默认为 false，不勾选，只执行一次。

13.6.3 整型改变判断 Int Changed

有时需要通过判断整型变量是否改变，做出相应的事件。例如，当餐桌上增加了用餐人数，触发增加餐具的事件。PlayMaker 使用 Int Changed（整型改变判断）动作实现该功能，如图 13-21 所示。

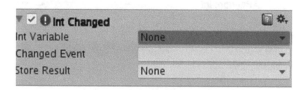

图 13-21 Int Changed 动作参数

该动作包括以下参数。

（1）Int Variable：要判断的整型变量，默认值为 None，该项为必须设置项。

（2）Changed Event：如果值发生改变，则触发指定事件，默认值为 None。

（3）Store Result：如果触发事件，将值 true 保存至布尔型变量中，默认值为 None。

13.6.4 整型赋值 Set Int Value

整型变量声明后，只具备默认值 0。在游戏中，往往需要赋予具有实际意义的值，才能进行运算，如设置敌人的数量。PlayMaker 中使用 Set Int Val"ue（整型赋值）动作实现该功能，如图 13-22 所示。

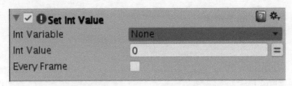

图 13-22　Set Int Valule 动作参数

该动作包括以下参数。

（1）Int Variable：指定要赋值的整型变量，该项是必须设置项。

（2）Int Value：指定要赋予的值，可以是具体数值，也可以是另外的变量，默认为 None。

（3）Every Frame：设置每帧都进行一次该运算。默认为 false，不勾选，只执行一次。

13.6.5　随机赋值 Random Int

有时需要在一定范围内获取随机整数为整型变量赋值。例如，在游戏中，通常从范围内随机选出一个整数值，用于设置用户的初始战斗值等属性。PlayMaker 中使用 Random Int（随机赋值）动作实现该功能，如图 13-23 所示。

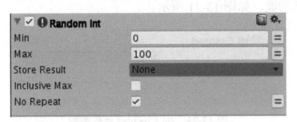

图 13-23　Random Int 动作参数

该动作包括以下参数。

（1）Min：随机数的最小取值范围，默认为 0。

（2）Max：随机数的最大取值范围，默认为 100。

（3）Store Result：用于存放随机数的整型变量，该项是必须设置项，默认为 None。

（4）Inclusive Max：选中后随机数取值范围包含 Max 属性的值，默认为 false，不勾选。

（5）No Repeat：勾选和不勾选，意味着生成的随机整数会重复和不会重复。

13.6.6　限制取值范围 Int Clamp

在为整型变量赋值时，有时要限制赋值的范围。在篮球游戏中创建人物时，不同位置的人物身高都有限制，如中锋的身高要大于后卫的。如果用户输入的身高超出对应位置人物的身高限制，则会取限制的最大值。PlayMaker 中使用 Int Clamp（限制取值范围）动作实现该功能，如图 13-24 所示。

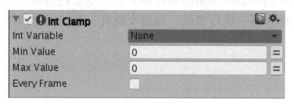

图 13-24　Int Clamp 动作参数

该动作包括以下参数。

（1）Int Variable：指定要赋值的整型变量，该项是必须设置项。

（2）Min Value：赋值的最小范围，默认为 0。如果整型变量值小于该属性值，则取该值为整型变量赋值。

（3）Max Value：赋值的最大范围，默认为 0。如果整型变量值大于该属性值，则取该值为整型变量赋值。

（4）Every Frame：设置每帧都进行一次该运算。默认为 false，不勾选，只执行一次。

13.6.7　整型增值 Int Add

整型变量被赋值后还可以对其值进行动态增加，也就是增值操作。在游戏中常常会用到这种操作。例如，对象使用医疗包或者血瓶后，人物的生命值会慢慢增加。PlayMaker 中使用 Int Add（整型增值）动作实现该功能，如图 13-25 所示。

图 13-25　Int Add 动作参数

该动作包括以下参数。

（1）Int Variable：指定要赋值的整型变量，该项是必须设置项。

（2）Add：增加的值，默认为 0。

（3）Every Frame：设置每帧都进行一次该运算。默认为 false，不勾选，只执行一次。

本章小结

本章详解了 Unity 中使用 PlayMaker 实现动画控制、声音控制、对象控制、时间控制、场景控制和逻辑控制的动作和方法。本章内容较多，建议通过自建案例的方法对这些动作逐一进行尝试，通过实践真正掌握动作使用的方法。

思考与实践

实践：

1. 使用 Set Animator Bool 等动作控制动画的多个状态。
2. 使用声音控制相关动作控制音频的播放、暂停以及音量调整。
3. 尝试使用 Destory Object 或 Destroy Self 销毁对象。
4. 尝试使用场景控制相关动作控制加载场景、卸载场景以及退出程序。
5. 尝试使用逻辑处理动作比较两个输入值的大小。

第四篇

高级开发篇

　　沉浸式虚拟现实利用沉浸式的输出设备（如头盔、具有力反馈的机械手臂等），以及头部、身体的追踪装置，从而确保其身体运动和环境反馈之间的精确匹配；可以将使用者的视觉、听觉与外界隔离，排除外界干扰，全身心投入虚拟世界中。本篇重点讲授影响沉浸式学习的因素、沉浸式虚拟现实的硬件产品以及如何开发沉浸式虚拟现实教学软件。

第 14 章

沉浸式虚拟现实硬件及其学习体验

【学习目标】

1. 能比较不同类型沉浸式虚拟现实的硬件产品的差异
2. 能说出沉浸学习体验的构成要素
3. 掌握沉浸式虚拟现实的现存问题

沉浸式虚拟现实（immersive virtual reality），学习者需要佩戴沉浸式的输出设备（如头盔、具有力反馈的机械手臂等），以及头部、身体的追踪装置，从而确保其身体运动和环境反馈之间的精确匹配；可以将使用者的视觉、听觉与外界隔离，排除外界干扰，全身心投入虚拟世界中。如第 1 章所介绍，虚拟现实分为沉浸式虚拟现实、桌面式虚拟现实和移动式虚拟现实三种类型。但相比于桌面式虚拟现实和移动式虚拟现实，沉浸式虚拟现实的沉浸性、交互性、临场感方面表现更加突出。

14.1　沉浸式虚拟现实的硬件

按照硬件平台的不同，沉浸式虚拟现实硬件可分为基于手机的虚拟现实、基于主机的虚拟现实和一体机虚拟现实。基于手机的虚拟现实产品需要使用手机配合的虚拟现实眼镜，如谷歌 Cardboard 和国内的暴风魔镜，成本低廉并且易于携带。一体机虚拟现实产品具备了独立运算和输入输出功能，如 Pico Neo 等配备了独立处理器、显卡和存储，沉浸体验好，但受到电池电量的限制。基于主机的虚拟现实产品是一种需要与计算机相连的虚拟现实头盔（head-mounted display，HMD），如 Oculus Rift 和三星 Gear VR，沉浸体验好，但价格比较昂贵。

14.1.1　基于手机的虚拟现实硬件

基于手机的虚拟现实指利用手机作为计算设备，学习者通过专用的虚拟现实眼镜看到虚拟现实画面。基于手机的虚拟现实特点在于无须连接其他外部计算设备，只依赖手机，这使得虚拟现实具有了移动性，学习者不会被困在某一个固定的区域内。同时，基于手机的虚拟现实还具有小型化，不依赖外部大型设备的特点，头盔上也没有其他的计算单元，使得学习者可以随身携带，更加便捷的同时还极大地降低了虚拟现实系统的成本。但手机本身硬件及计算能力的限制，使得基于手机虚拟现实的画面分辨率低、延迟高、沉浸感较差，相对于其他的虚拟现实来说学习者体验还有一定差距。目前，几种主流的基于手机的虚拟现实硬件有谷歌 Cardboard、谷歌 Daydream View、三星 Gear VR。

1. 谷歌 Cardboard

Cardboard 是谷歌开发的一副 3D 眼镜，但这个眼镜加上智能手机就可以组成一个虚拟现实设备。要使用 Cardboard，学习者还需要在 Google Play 官方网站上搜索 Cardboard 应用，下载安装大小超过 70M 的应用。Cardboard 纸盒内包括纸板、双凸透镜、磁石、魔力贴、橡皮筋以及近场通信（near field communication，NFC）贴等部件。按照纸盒上面的说明，几分钟就可以组装出一个看起来非常简陋的玩具眼镜。凸透镜的前部留了一个放手机的空间，而半圆形的凹槽正好可以把脸和鼻子埋进去。如图 14-1 所示。

图 14-1　谷歌 Cardboard

2. 谷歌 Daydream View

Daydream View 是谷歌发布的头盔，其诞生的主要目的是替代有些简陋的 Cardboard，它的手柄集成了陀螺仪、加速计、磁力计、触摸板、按钮，以及方向传感功能，能够感知手腕和手臂的微小运动。但需要指出的是，DayDream

View 仅支持 Pixel 手机使用，如图 14-2 所示。2017 年谷歌公司将其全面升级一次。新款 Daydream View 最大的特点是在视野上拓宽了 10°，能让学习者看到更多的内容，同时改进了老款 Daydream View 的侧边和鼻梁部分存在缝隙而导致的漏光问题。新款机型几乎没有一丝漏光，即使存在缝隙学习者也可以通过细微调节覆盖所有缝隙。新款 Daydream View 的重量有所增加，虽然这对舒适度有略微影响，但 Daydream View 依然是目前舒适性最好的移动头盔之一。然而，为了完成虚拟现实一体机的推广，在 2019 年 10 月，谷歌宣布停售该款产品。

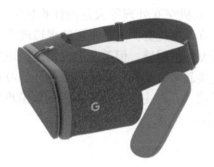

图 14-2　谷歌 Daydream View

3. 三星 Gear VR

三星 Gear VR 是三星发布的一款头盔，可以通过 Type-C 接口直接与手机连接，如图 14-3 所示。

图 14-3　三星 Gear VR

Gear VR 是三星和虚拟现实设备领头羊 Oculus 共同设计的。相比于此前推出的版本，新一代的 Gear VR 要轻 19%，仅重 318 克。此外，还拥有一个全新设计的触控板，并且在设计上更符合人体工程学，佩戴也更为舒适。

但是，比较遗憾的是，Gear VR 仅支持三星自家的旗舰机型——Galaxy Note 5、Galaxy S6、Galaxy S6 Edge 以及 Galaxy S6 Edge+。虽然如此，这款设备的售价仅为 99 美元，而这个价位对于想要体验 VR 魅力的人来说还是非常有诱惑力的，因为 Gear VR 相比于适配计算机的那些虚拟现实设备而言要便宜很多。当然，前提是学习者必须先拥有三星这几款旗舰手机中的一个。

14.1.2 基于主机的虚拟现实硬件

基于主机的虚拟现实是将主机（通常是 PC 或者 PlayStation、Xbox 等游戏主机）作为独立的运算单元，通过数据线的连接，将运算结果传输给虚拟现实头盔，进而呈现给学习者。基于主机的虚拟现实可以利用主机强大的计算能力来完成虚拟现实场景构建、人机交互处理等大量的计算任务。相比于一体机虚拟现实，由于主机强大的计算性能优势，基于主机的虚拟现实可以提供更流畅、更清晰的画面，以及更加深度的沉浸感。但基于主机的虚拟现实工作时往往需要通过数据线将主机与头盔连接起来，受到数据线的限制，学习者只能在固定的范围内活动，灵活性较差。目前，几种主流的基于主机的虚拟现实产品为 HTC Vive、索尼 Project Morpheus 等。

1. HTC Vive Pro

HTC 在 2018 年国际消费类电子产品展览会（CES 2018）上推出了最新款的 HTC Vive Pro，如图 14-4 所示。HTC Vive Pro 是一款高端的虚拟现实头盔，它在原有 HTC Vive 的基础上，提升了分辨率、音频质量、舒适度等方面的性能，但也增加了价格和硬件需求。

相比于 HTC Vive，HTC Vive Pro 在硬件上有了很大的升级。首先，Wireless Gigabit 专业版的单眼有效分辨率为 1440×1600，双眼合并分辨率为 2880×1600，比 Vive 分辨率提高了 78%。HTC Vive Pro 采用 Hi-Res 音质头戴式设备+3D 立体空间音效，采用 SteamVR 追踪技术。HTC Vive Pro 还采用英特尔 Wireless Gigabit 无线技术，突破了线缆束缚，移动更加自如，极大地提高了学习者体验感。此外，HTC Vive Pro 还优化了人体工程学设计，升级的面部和鼻部衬垫能阻挡更多外来光线，提高沉浸感。面部和鼻部衬垫采用全新泡棉材质，并经过改进，提高了适应性和佩戴的舒适性。

图 14-4　HTC Vive Pro 设备

2. 索尼 PlayStation VR2

PlayStation VR2 是一款专门为 PlayStation 5 打造的虚拟现实头盔，它拥有独特的振动反馈和先进的触觉控制器，以及眼球追踪、110°视野和凹陷渲染（一种只渲染眼睛注视点附近的高分辨率图像，从而节省像素并提升图形效果的技术）。PlayStation VR2 提供了 4K HDR、110°的视野和凹陷渲染。通过有机发光二极管（organic light emitting diode，OLED）显示屏，每只眼睛的显示分辨率为 2000×2040，流畅的帧率为 90/120 赫兹。PlayStation VR2 将配备支持 4K 分辨率的 OLED 显示屏，以及名为 PS VR2 Sense 的新控制器。索尼 PlayStation VR2 如图 14-5 所示。

图 14-5　PlayStation VR2 设备

14.1.3　一体机虚拟现实硬件

一体机虚拟现实硬件是指具备了独立运算、输入输出功能的虚拟现实头盔，通常配备了独立处理器、显卡和存储。一体机虚拟现实既具有基于手机虚拟现实的没有连线束缚、使用方便、自由度高的优点，同时得益于其专门针对虚拟现实应用进行优化的专用软硬件设备。相较于基于手机虚拟现实，一体机虚拟现实可以提供更强大的运算能力、更高的分辨率和更低的延迟，增强了沉浸感。但是由于一体机虚拟现实集成了独立处理器及其他硬件单元，所以整个头盔的重量会有所增加，同时价格也更加昂贵。目前，几种流行的一体机虚拟现实产品有 Oculus Quest 2、Pico4 Pro、HTC Vive Focus 等。

14.1.4　Oculus Quest 2

Oculus Quest 2 是 Facebook 于 2020 年 9 月在 Facebook Connect 上正式发布的一体机虚拟现实产品。Oculus Quest 2 使用液晶显示（liquid crystal display，LCD）屏，搭载高通 Snapdragon XR2 处理器，配备 6GB 运行内存。采用单眼 1832×1920 显示屏分辨率，双眼 3664×1920 显示屏分辨率，支持 72 赫兹和 90

赫兹的刷新率。Oculus Quest 2 采用屏幕侧滑三挡调节（58 毫米、63 毫米和 68 毫米）的方式来调节瞳距。Oculus Quest 2 续航为 2~3 小时，用户可以一边使用 Oculus Quest 2，一边连接到电源插头。Oculus Quest 2 有两种使用模式，分别是房间缩放和固定。房间缩放可以允许用户随意走动，具备防碰撞功能，当用户即将碰撞到墙面时，游戏中的边界会自动弹出，用来防止用户受伤。在 Facebook 看来，Oculus Quest 2 的技术开辟了全新的体验和可能性，不仅在游戏领域，还在生活、教育、医疗等诸多领域也拥有广阔的想象空间。如图 14-6 所示。

图 14-6　Oculus Quest 2

14.1.5　字节跳动 Pico4 Pro

Pico4 Pro 是字节跳动公司 2023 年推出的全场景虚拟现实一体机，如图 14-7 所示。这款头盔采用平衡式设计，佩戴时无负担，前端重量减少了 30%。它的分辨率高达 4320×2160，刷新率为 90 赫兹，视场角为 105°，并配备了高通骁龙 XR2 处理器、8GB 内存、128GB 存储空间、6DoF 空间定位等主要技术参数。Pico4 Pro 头盔采用自研高精度四目环境追踪和红外光学定位系统、彩色透视功能、CalSense 体能监测算法、MRC 混合虚拟现实录制、多人影院功能等。Pico4 Pro 头盔还带有全局导航栏、MRC 混合虚拟现实录制、投屏助手等功能，并提供海量精品 VR 应用于 PICO 商店，这些功能用户可以有更好的使用体验。

然而，Pico4 Pro 头盔的电池续航时间较短，只能支持约 2.5 小时的使用。其手柄设计较为简单，没有触摸板或摇杆，这可能会影响用户的操作体验。此外，它不支持外接存储设备，不支持蓝牙耳机或有线耳机，音频选择受限，这可能会限制用户的使用方式。

图 14-7　字节跳动 Pico4 Pro

14.2　沉浸学习体验及问题

14.2.1　沉浸学习体验的构成要素

沉浸式虚拟现实可使学习者完全融入并感知虚拟环境，获得临场感。已有研究表明，沉浸式虚拟现实可使学习者拥有更好的记忆能力，学习者更加关注深度沉浸体验的附加任务，空间意识感对于学习者记忆至关重要。这种虚拟环境会变得非常逼真，使学习者很难区分虚拟世界和现实世界，但局限性在于可能会使学习者产生晕眩感。

沉浸感（immersive experience）通常被认为是在一个连续体，从最小的浸入到完全浸入。通常情况下，学习者参与度会有所不同，尽管在某种程度上取决于个体差异。沉浸感不足的环境不会吸引学习者，而完全复制现实世界的环境可能会产生不可预测的心理影响。到目前为止，后一种情况不是一个问题，因为还没有达到那种程度的沉浸。沉浸式虚拟现实所带来的学习体验由三部分组成：沉浸感、流畅度、可交互度，且三个部分都可以细分为多个核心参数指标。

1. 沉浸感

沉浸感决定了学习者在感官上的体验是否自然，或者说与真实世界的相似度是否可以"以假乱真"。当前虚拟现实技术对于现实的模拟还主要集中在视觉技术上，如何让学习者可以在一个"全包围"的环境中，恰到好处地得到三维空间的视觉感受，是沉浸感的关键。沉浸感的核心参数包括视场角（field of view，FOV）和刷新率（frames per second，FPS）。

视场角大小决定了光学仪器的视野范围，例如，人类单眼 FOV 为 200°，双眼的重合 FOV 是 120°；那么虚拟现实设备的视野范围就要向这个方向靠拢甚至超越，目的是让人感觉身处一片空间内，而非看到一块屏幕。如果视场角过小，那么学习者就会感知到图片边缘的无效像素部分，进而被提醒"这只是一块离你眼睛很近的屏幕"。

刷新率是指电子束对屏幕上的图像重复扫描的次数，刷新率越高，所显示的图像（画面）稳定性就越好。过低的刷新率会导致图像闪烁和抖动，进而导致眼睛疲劳及晕眩。因此，一般在 60 帧/秒及以上，感受会比较舒适。

2. 流畅度

流畅度决定了沉浸感的持续程度如何，它的核心参数主要体现在丢包率（packet loss rate，PLR）上。目前在虚拟现实设备上体验的内容一大部分是与网络息息相关的，有些内容可直接在线上拉流体验（点直播）；有些内容则需要进行云端的校验或者逻辑处理才能在客户端上体验，因此网络包的丢失率严重影响沉浸内容的体验。在丢包率较高的情况下，会出现卡顿等严重的恶劣体验，这时候沉浸感就无从谈起了。

3. 可交互度

可交互度决定了人在主动发起交互操作时，环境对于操作交互的反馈情况；越接近真实世界的物理规律，对学习者沉浸感就越有利。例如，将篮球砸向地面，则符合真实的交互体验是篮球反射弹起，因此需在交互设计上做好预期；另外，可交互度还有一个核心参数概念：动画时延（motion to photons，MTP）。动画时延指当学习者发起一个交互动作时，其预期反馈抵达体验者的时间。如上文举例，从学习者通过虚拟现实硬件设备做出将篮球扔向地面的交互动作开始，到该指令抵达云端进行逻辑判断后，通过云端的反馈指令下发到客户端，继而再到客户端进行逻辑运算、渲染；最终学习者看到该篮球从地上弹起，这个收尾的时间就是 MTP。MTP 越短，可交互度越好，用户的沉浸感、真实感就会越强。

14.2.2　沉浸式虚拟现实的现存问题

在工业级场景里，虚拟现实已经有比较成熟的应用，广泛实践于科研、医疗、军事领域。而在教育应用场景中，沉浸式虚拟现实尚未大规模普及，仍存在许多现实问题。

1. 对硬件的要求高

在显卡需求方面，沉浸式虚拟现实对计算机显卡的要求非常高，除头盔外，用户必须同时配备一台性能强大的计算机主机才有可能运行得了游戏。在刷新率方面，目前头戴设备的硬件水平尚无法达到"虚拟现实"的定义标准，要令虚拟现实达到完全模拟现实的程度，屏幕刷新率至少要达到 1000 赫兹，而即便是 Oculus Rift 的屏幕刷新率最多也只能达到 75 赫兹左右，远达不到人眼的适应程度，这也是不少学习者感觉眩晕的原因。在清晰度方面，虚拟现实头盔也尚未给出一个满意的答案，第二代 Oculus Rift 的分辨率达到了 1080P（1920×1080）。但要真正达到模拟现实的程度，屏幕分辨率需要达到 4K（4096×2160）以上。

2. 鼠标键盘等输入设备影响沉浸式体验

沉浸式虚拟现实所追求的学习体验是"全沉浸式"的，即学习者仿佛置身现实世界中，视觉、听觉各个感官都能够身临其境。学习者的"沉浸感"是不希望被打断的，如果游戏者戴上显示器，身处三维显示巨屏中，但还是用键盘鼠标或者摇杆，沉浸度会大大下降。目前，诸如 Oculus Rift 的头戴虚拟显示设备，在信号输入上可以通过捕捉头部的运动，部分代替鼠标的功能，但仍无法完全摆脱游戏手柄的束缚。"动作捕捉"和"语音识别"技术被认为是解决这一问题的最好方式——把人的自然动作、语音直接读取并转换到游戏中去。两者在科技领域已经有广泛的应用，但完全结合到"虚拟现实"的游戏场景中，还有很长的一段距离。

3. 场景开发的繁复细节处理难度大

虚拟现实场景对大量细节和拟真度的高要求，意味着游戏开发者需要投入更多时间和精力专注在游戏的各个细节中，除需要有一个好的游戏引擎之外，产品层面的色彩、响应速度、内容设置甚至到像素级别的画面抖动，都有无数的技术问题需要开发者去考虑。而国内游戏开发者在这一问题上遇到的困难更大。从底层的技术来看，国内尚未开发出比较成熟且受众广泛的游戏引擎，也很少有开发商愿意涉足教育领域。

此外，沉浸式虚拟现实还受制于电池技术、近眼显示技术以及感知交互三重限制。其中，除电池技术是横向制约很多行业方向的底层制约外；近眼显示和感知交互两个技术对虚拟现实领域的限制都有其特殊性。

本章小结

沉浸式虚拟现实设备能够提供参与者完全沉浸的体验，使学习者有一种置身于虚拟世界中的感觉。本章重点介绍了基于手机的虚拟现实硬件、基于主机的虚拟现实硬件和一体机虚拟现实硬件，这需要学习者掌握三类硬件的差异。此外，沉浸学习体验的构成要素及现存问题是沉浸式虚拟现实未来的努力方向，需要学习者理解和掌握。

思考与实践

思考：

1. 基于手机的虚拟现实硬件、基于主机的虚拟现实硬件和一体机虚拟现实硬件有何差异？

2. 沉浸学习体验的构成要素包括哪些？

3. 沉浸式虚拟现实现存哪些问题？

实践：

1. 在互联网搜索今年发布了哪些虚拟现实明星产品，它们属于哪种类型的虚拟现实硬件？

2. 亲自体验虚拟现实硬件，描述使用体验，并对产品进行简单评测。

第 15 章

沉浸式虚拟现实开发

【学习目标】

1. 了解 HTC Vive 的设备构成
2. 学会 HTC Vive 硬件的安装与软件的下载安装
3. 掌握利用 VRTK 与 SteamVR 搭建虚拟现实开发环境
4. 掌握实现发射射线、瞬移、抓取等基本功能的方法

沉浸式虚拟现实（VR）开发是指根据虚拟现实内容设计的结果，开发出可以运行在虚拟现实系统上的程序。这也是虚拟现实内容开发的主要任务。开发过程也是对整个设计进行代码实现的过程，需要时刻遵循虚拟现实开发过程的基本步骤，充分利用虚拟现实系统的软硬件资源，开发出能在虚拟现实系统上高效、稳定运行的程序。本章首先介绍 HTC Vive 设备构成，接着公布 HTC Vive 硬件设备的连接与测试，然后明确 Unity 开发环境配置，最终利用 VRTK 等插件实现发射射线、瞬移等基本功能，为学习者初步踏入沉浸式虚拟现实开发领域奠定坚实的基础。

15.1　HTC Vive 设备构成

HTC Vive 对计算机设备有较高的硬件配置要求，其中最重要的是显卡，要 NVIDIA GTX 970 以上才能满足基本条件。HTC Vive 主要由一个头盔（虚拟现实头戴式显示器）、两个单手持控制手柄以及两个 StreamVR 定位器，如图 15-1 所示。

图 15-1　HTC Vive 三模块

15.1.1　头戴式显示器

头戴式显示器也称为虚拟现实头盔，HTC Vive 开发者采用了一块 OLED 屏幕，单眼有效分辨率为 1200×1080，双眼合并分辨率为 2160×1200。2K 分辨率大大降低了画面的颗粒感，用户几乎感觉不到纱门效应。并且能在佩戴眼镜的同时戴上头盔，即使没有佩戴眼镜，400 度左右近视依然能清楚看到画面的细节。画面刷新率为 90 赫兹，延迟为 22 毫秒，实际体验几乎零延迟，也不会感到恶心和眩晕。

15.1.2　控制手柄

HTC Vive 有两个控制手柄，分别提供给人的左手和右手来使用。两个手柄上的按键设计完全相同，由 SteamVR 在手柄激活时决定哪个代表右手、哪一个代表左手。如果对左右手按键的映射有特殊需求，需要注意每次激活手柄时都要确认下哪个是左手、哪个是右手。控制手柄的按键如图 15-2 所示。

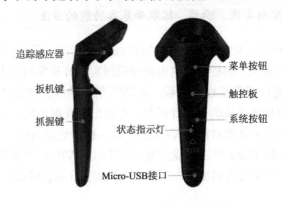

图 15-2　HTC Vive 手柄按键说明

在实际使用中，通常用扳机键（trigger）控制枪械的开火；菜单按钮（menu button）用来呼出软件菜单；触控板（trackpad）用来移动，而抓握键（grip button）用以抓握物体。除此之外，还可以通过控制手柄与游戏对象的碰撞来进行交互。

15.1.3　StreamVR 定位器

HTC Vive 的 Lighthouse 技术由 Valve 公司提供，该技术不仅能追踪到目标设备（如头盔和控制手柄）的转动，还能追踪到设备的位移。Lighthouse 由两个 StreamVR 定位器基站设备组成，每个基站设备中内置一个红外 LED 阵列，每 20ms 扫描一遍整个空间。两个基站通过计算设备的时间差和传感器的位置差，就可以计算出追踪设备的位置和运动轨迹，如图 15-3 所示。

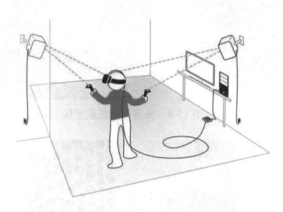

图 15-3　Lighthouse 定位器技术原理

该系统不需要进行图像处理，对位置的计算在本地就能完成，并且可以直接将位置数据传递给计算机。它并不需要进行图像处理，因此也具备了追踪多个物体的能力。通过 Lighthouse 和传感器的配合，学习者能在虚拟世界中自然行走。学习者还可以借助控制手柄在虚拟世界中进行各种互动，如抓取物体、攀岩等。

HTC Vive 从最初给游戏带来沉浸式体验，延伸到可以在更多领域施展想象力和应用开发潜力。在医疗和教学领域方面，帮助医学院和医院制作人体器官解剖，让学生佩戴 VR 头盔进入虚拟手术室观察人体各项器官、神经元、心脏、大脑等，并进行相关临床试验。在电影和视频制作方面的应用，可以给学习者带来真正沉浸式的体验。未来可能走进影院不再是戴着 3D 眼镜观影，而是戴着 VR 头盔更加身临其境地置身于电影场景中，甚至可以 360°视角观看。

15.2　HTC Vive 设备连接与测试

15.2.1　硬件连接

1. 头盔的连接

头盔系统由头盔、串流盒、高清转换头、USB 接头、电源线组成。

步骤 1：将头盔连接至串流盒，将串流盒的另一端连接至高清转换头、USB 接头、电源线，如图 15-4 所示。

步骤 2：将高清转换头、USB 接头连接至计算机、接通电源，如图 15-5 所示。

图 15-4　头盔与串流盒连接

图 15-5　高清转换头和 USB 接头连接至计算机

2. 控制手柄的连接

控制手柄与头盔和定位器通过无线方式连接。首先要确定手柄是否有电。若电量不足，则使用充电器为其充电。按下控制手柄的系统按钮，确保手柄处于开机状态。

3. SteamVR 定位器的连接

SteamVR 定位器套装由两个定位器、两个支架及两个电源线组成。首先将定位器电源线连接至定位器，然后将定位器固定在三角支架上，如图 15-6 所示。

将带有三角支架的定位器接通电源并挪至合适的位置，将另一个定位器按照同样的方式安装并将其放置在房间对角线位置，方便规划游览空间。

图 15-6　定位器与三角支架组装

15.2.2　软件调试

设备运行需要 SteamVR 软件平台配合。访问 Steam 平台（http://store.steampowered.com/），在 Steam 的商店里搜索 SteamVR，并下载安装。运行 SteamVR，按照指引进行房间设置，并依次确定学习者行走区域、地面高度、控制手柄配对等信息。SteamVR 的运行状态如图 15-7 所示。

图 15-7　SteamVR 运行状态

步骤 1：腾出空间。按照指示，将房间内杂物清理一下，留出不少于 2m×1.5m 的空间。如图 15-8 所示。

图 15-8　腾出空间

步骤 2：建立定位。打开头戴式控制手柄开关，打开手柄，等待 SteamVR 软件显示控制器、头戴式显示器指示图标变绿，证明定位完成。如图 15-9 所示。

图 15-9　建立定位

步骤 3：确定学习者行走区域。站立至空间中央，将手柄正对计算机屏幕，扣动扳机键，等待进度条到 100%即可，如图 15-10 所示。

图 15-10　确定学习者行走区域

步骤 4：定位地面。将控制手柄放置到 SteamVR 定位器的红外线可以照射到的平地上，单击"校准地面"按钮，等待自动执行完成即可，如图 15-11 所示。

图 15-11　定位地面

步骤 5：绘出行动空间。利用控制手柄，扣动扳机键，环绕两个定位器绘出行动空间，如图 15-12 所示。

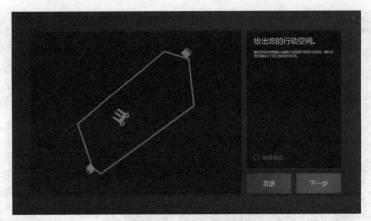

图 15-12　绘出行动空间

步骤 6：划定游览区域。根据空间实际情况及绘出的行动空间，划定游览区域。如图 15-13 所示。

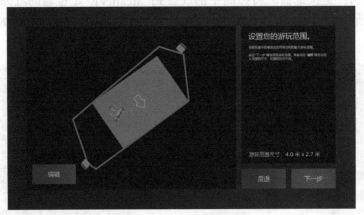

图 15-13　划定游览区域

在设置结束后，SteamVR 的正常运行状态如图 15-14 所示，可以发现头盔、2 个控制手柄和 2 个定位器的图片高亮显示。

图 15-14　SteamVR 的正常运行状态

当 5 个图标都呈现绿色时，表示头戴设备、2 个控制手柄和 2 个定位器都为正常状态。如果有任何一处出现红色的警示，就表示对应的设备连接或驱动有问题，需要检查设备连接或更新软件及驱动。戴上 HTC Vive 头盔，将会看到一个虚拟世界，正前方为 Vive 的标志，左侧为地球。至此，HTC Vive 的硬件安装和软件环境配置也就成功完成了。

提示：

如果在该过程中遇到困难，可在 HTC Vive 官方网站观看相关的设置视频，或者询问官方客服人员（https://www.vive.com/cn/support/）。关于 HTC Vive 的硬件和软件安装，可前往 Vive 官方网站（https://www.vive.com/cn/setup/）下载 Vive 设置向导。只需要按照设置向导的说明进行操作，即可轻松安装 Vive 硬件、Vive port、SteamVR 等必备软件。

15.3 Unity 开发环境配置

15.3.1 插件的下载和安装

1. SteamVR 插件下载

SteamVR 插件是由 Valve 公司官方向开发者提供的软件开发工具包（software development kit，SDK）开发插件。通过 SteamVR，开发者可以通过同一套应用程序编程接口（application programming interface，API）设计面向不同 VR 设备上的内容。SteamVR 支持的设备非常广泛，包括 HTC Vive、Oculus、Daydream VR 等。SteamVR 的 API 称为 OpenVR，为各大硬件厂商提供了功能齐全的接口，所以开发者可以通过同一套 API 在众多不同硬件平台上进行开发。SteamVR 插件可以直接从 Unity Asset Store 免费获取。打开资源商店，搜索 SteamVR Plugin，单击"添加至我的资源"按钮即可下载，如图 15-15 所示。

2. VRTK 插件下载

VRTK（Virtual Reality Toolkit）是 Unity 基于 SteamVR 创建的一项十分重要的脚本与预设工具的集合，利用 VRTK 工具进行教育开发工作，对于利用 VR 进行深入教育教学具有深远影响。VRTK 是由英国个人开发者 Thestonefox 开发并维护的一套用于辅助 VR 开发的工具包。该工具包支持 SteamVR SDK、OculusVR SDK、Daydream SDK 等，提供了大量实用功能。VRTK 提供了诸如学习者移动、与物体交互等 VR 开发中常用的功能。借助 VRTK，开发者可以在短时间内实现 VR 世界中主要的交互功能。只要是想得到的交互，这个插件里面都提供了相关的具体示例和可以直接使用的各种脚本，而且该插件在 Github 上的更新极其活跃。

图 15-15　Unity Asset Store 中的 SteamVR 插件

　　　Thestonefox 已经将 VRTK 在 Github 上进行开源，开发者可以直接获取
VRTK 的源代码（https://github.com/thestonefox/VRTK），或者提出自己的意见和
开发中遇到的困难，如图 15-16 所示。在 Asset Store 中也可以免费获取 VRTK
（https://assetstore.unity.com/packages/tools/integration/vrtk-virtual-reality-toolkit-vr-toolkit-
64131）。

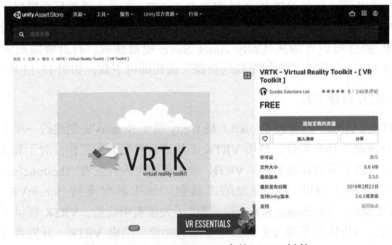

图 15-16　Unity Asset Store 中的 VRTK 插件

3. 导入 SteamVR 和 VRTK 插件

配置开发环境是进行沉浸式虚拟现实软件开发的基础要求。诸如瞬移、抓取等功能的实现，均需要配置开发环境，这是进行沉浸式虚拟现实开发的前提。在完成环境配置之后，即可将其保存为一个特定场景，这样在下次进行新一轮开发工作时，就会节省大量的时间与精力，大大提升开发人员的办公效率。

硬件与软件配置完毕之后，打开 Unity，新建 3D 项目。按照以下三个步骤进行环境配置工作。将 SteamVR 和 VRTK 插件下载完毕之后，将其拖动到 Assets 文件夹下，如图 15-17 所示。

图 15-17　导入 SteamVR 和 VRTK 插件

15.3.2　基本开发环境配置

在导入 SteamVR 和 VRTK 插件后，在"层级"窗口删掉自带 Main Camera 对象。然后在 Unity 中进行虚拟现实开发基本环境的配置。开发环境的配置包括设置 VRTK_SDKManager 对象、设置 VRTK_Scripts 对象两个基本步骤。

1. 设置 VRTK_SDKManager 对象

步骤 1：新建空物体，重命名为 VRTK_SDKManager，添加组件 VRTK_SDKManager。在 VRTK_SDKManager 下新建空物体，重命名为 VRTK_SDKSetup，添加组件 VRTK_SDKSetup。结构图如图 15-18 所示。

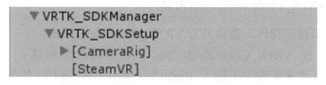

图 15-18　设置 VRTK_SDKManager 对象

步骤 2：在 VRTK_SDKSetup 中的 Quick Select 里选择 SteamVR（Standalone：OpenVR），单击 Populate Now 按钮填充物体，如图 15-19 所示。设置完毕后，在"检查器"窗口将 VRTK_SDKSetup 设置为非激活状态。

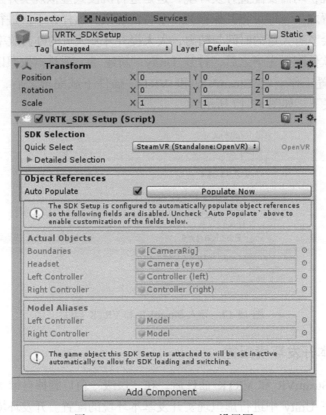

图 15-19　VRTK_SDKSetup 设置图

步骤 3：添加 SteamVR 插件下的预设体 CameraRig 拖动到"层级"窗口，作为 VRTK_SDKSetup 的子物体。

步骤 4：选中 VRTK_SDKManager，在 Setups 中单击"＋"，将 VRTK_SDKSetup 拖动到 None（VRTK_SDKSetup）的位置，如图 15-20 所示。

2. 设置 VRTK_ControllerScripts 对象

步骤 1：新建空物体，重命名为 VRTK_ControllerScripts。

步骤 2：在 VRTK_ControllerScripts 下创建两个空物体，分别重命名为 LeftController（用来配置左手柄）、RightController（右手柄），如图 15-21 所示。

至此，场景搭建完成，场景层级结构如图 15-22 所示，运行效果如图 15-23 所示。

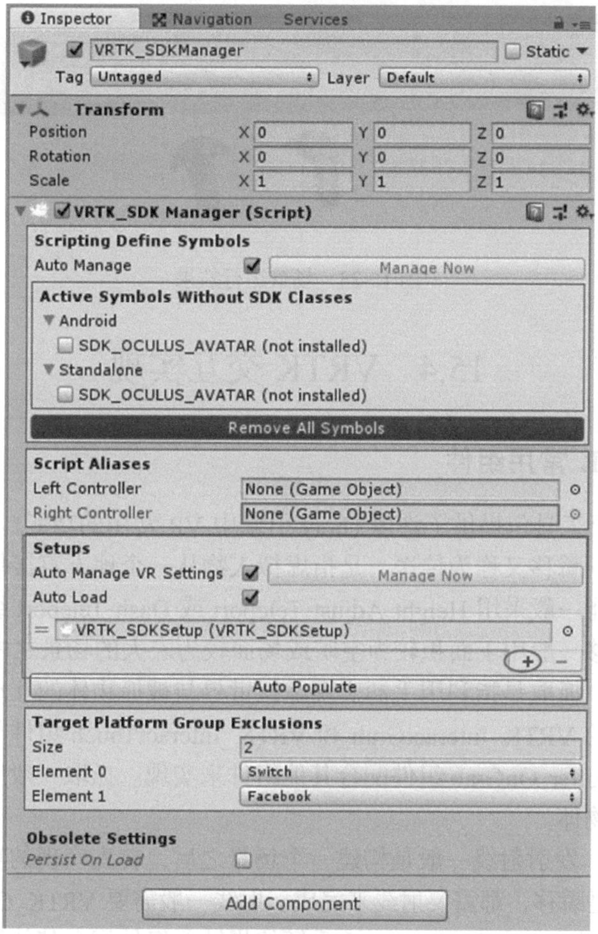

图 15-20　VRTK_SDKManager 下 Setups 设置

图 15-21　设置 VRTK_ControllerScripts 对象

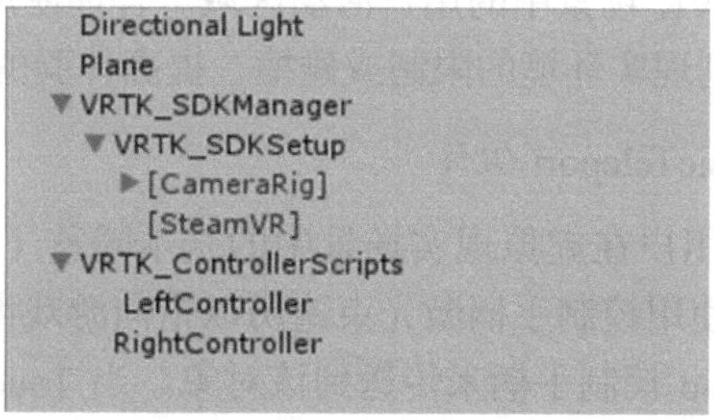

图 15-22　场景层级结构

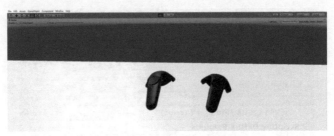

图 15-23　场景运行效果

15.4　VRTK 交互实现

15.4.1　VRTK 常用组件

VRTK 这个工具包提供了许多 Unity 引擎中 VR 常用的功能，举例如下。

（1）瞬移。瞬移又称为传送，是指虚拟人物从一个地方直接传送到某一指定位置。瞬移功能一般采用 Height Adjust Teleport 或 Dash Teleport 组件配合其他组件来实现。瞬移一般用于面积较为空旷或场面较为宏大的场景之内。

（2）抓取。抓取是指利用手柄实现虚拟世界与被抓物体的互动，抓取功能一般通过手柄上的 VRTK_InteractGrab 和 VRTK_InteractTouch 组件与被抓物体上的 Child Of Controller OnGrab 组件配合其他组件来实现。抓取一般用于在场景中拾取物品，观察物体。

（3）射线。发射射线一般是构建一个场景之后，首先实现的功能，因为无论是隔空抓取还是瞬移，都需要射线来完成。射线一般需要 VRTK_Controller Events（事件交互的脚本）、VRTK_Pointer（手柄的指针）组件配合其他组件来实现。射线是最基本的交互，无论是抓取还是瞬移等操作，都是基于射线功能来实现的。

VRTK 自身具有很多优秀的组件能够实现以上功能，下面介绍几种常见的 VRTK 组件的功能。

1. CameraRig_VRPlayArea 组件

该组件用于定义 VR 场景中的用户活动区域。合理使用该组件可以确保用户在 VR 体验中不会受到现实环境的限制或碰撞，提高体验的安全性和舒适度。

2. CameraRig_BasicTeleport 组件

该组件用于实现用户在虚拟现实场景中的基本瞬移（Teleport）功能。通过发射贝塞尔曲线，即使用控制手柄激光束遍历以指向游戏世界中的对象。其中，用户通过按压 Touchpad 控制手柄来传送到该对象。当 Touchpad 释放时，用户被传送到激光束终点位置。

3. Controller_BezierPointer 组件

该组件主要用于实现虚拟现实场景中由控制器产生的贝塞尔曲线指针，为用户提供了一种自然的手势交互方式与虚拟对象进行拾取和激活。

4. Controller_InteractingWithPointer 组件

该组件为用户提供了一套基于 Pointer 组件的手势交互系统，主要用于检测控制器是否与 Pointer 组件（如 Bezier Pointer）的曲线或锚点相交，如果相交可以进行相应的交互操作。

5. Controller_CustomBezierPointer 组件

该组件继承自 Controller_BezierPointer，能提供更加灵活定制指针的功能，实现自定义的贝塞尔曲线指针，具有旋转的粒子对象用于演示贝塞尔指针曲线的不同外观。

6. Controller_ChildOfControllerOnGrab 组件

一个场景，演示抓取机制，抓取的对象成为控制手柄抓取的子对象。这个组件对于许多应用场景非常有用，如虚拟工具的操作、虚拟物品的拾取和放置，以及虚拟现实中的互动。

7. CameraRig_CameraRig_DashTeleport 组件

该组件用于实现用户在虚拟场景中的快速（Dash）瞬移功能，实现了一种加速度和动能感更强的瞬移方式。

15.4.2　发射射线

场景搭建完成之后，按以下步骤设置，实现手柄发射射线功能。

1. 设置 LeftController 与 RightController 对象

步骤 1：选中 LeftController 和 RightController，分别添加 VRTK_Controller Events（事件交互的脚本）、VRTK_Pointer（Script）（手柄的指针）。为左手柄添加 VRTK_Bezier Pointer Renderer（Script）（贝塞尔曲线指针），同时，为右手柄添加 VRTK_Straight Pointer Renderer（Script）（直线指针）。左手柄组件如图 15-24 所示。右手柄组件如图 15-25 所示。

步骤 2：分别将 LeftController 与 RightController 下的 VRTK_Bezier Pointer Renderer 与 VRTK_Straight Pointer Renderer 拖入各自的 VRTK_Pointer（Script）下的 Pointer Renderer 中，如图 15-26 与图 15-27 所示。

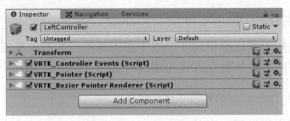

图 15-24　左手柄组件

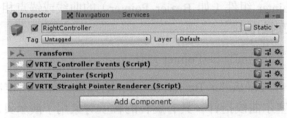

图 15-25　右手柄组件

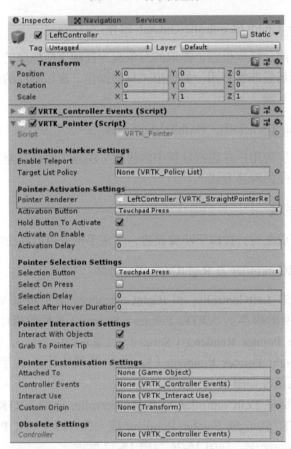

图 15-26　左手柄设置

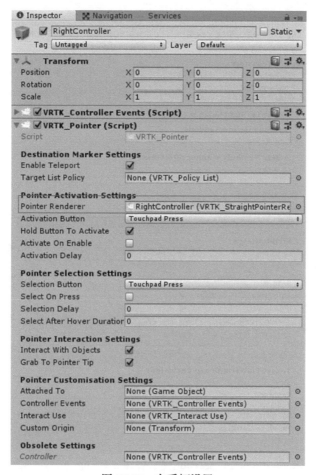

图 15-27　右手柄设置

2. 设置 VRTK_SDKManager 对象

分别将 LeftController 与 RightController 拖动到 VRTK_SDK Manager（Script）下的 Script Aliases 中，如图 15-28 所示。

运行结果如图 15-29 与图 15-30 所示。

15.4.3　瞬移

1. 设置 VRTK_Scripts 对象

在 VRTK_Scripts 下新建 playarea 空物体。为 VRTK_ControllerScripts 对象添加 VRTK_DashTeleport 组件，其实任何对象添加此组件都能实现瞬移，Blink Transition Speed 设置为 0。

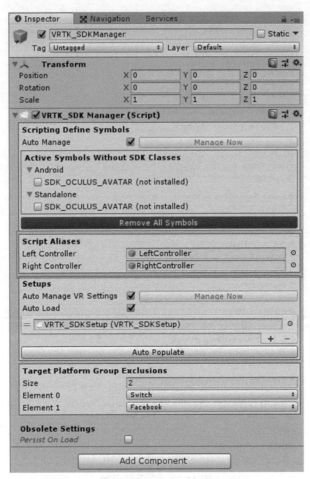

图 15-28　VRTK_SDK Manager 设置

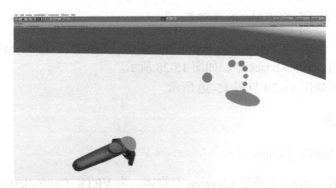

图 15-29　左手贝塞尔曲线发射

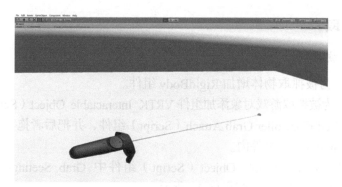

图 15-30　右手直线发射

2. 忽略物体

目前射线可以到处瞬移，如果一些地方无法瞬移，操作如下：新建空物体 Policy，添加 VRTK_PolicyList 组件，该组件的 Operation 选项选择 Ignore 标签，在 Element0 输入需要忽略的标签名 Ignore，把 Policy 物体拖动到 LeftController 和 RightController 中 VRTK_Pointer 组件的 TargetListPolicy 选项中。

运行结果如图 15-31 与图 15-32 所示。

图 15-31　瞬移前

图 15-32　瞬移后

15.4.4 抓取

1. 物体被抓取

步骤 1：为被抓取物体增加 RigidBody 组件。

步骤 2：为被抓取游戏对象添加组件 VRTK_Interactable Object（Script）组件和 VRTK_ Child Of Controller Grab Attach（Script）组件，并把后者拖至前者的 Grab Attach Mechanic Script 组件内。

勾选 VRTK_Interactable_Object（Script）组件中 Grab Seetings 选项的"Is Grabbable"，意为可抓取，如图 15-33 所示。

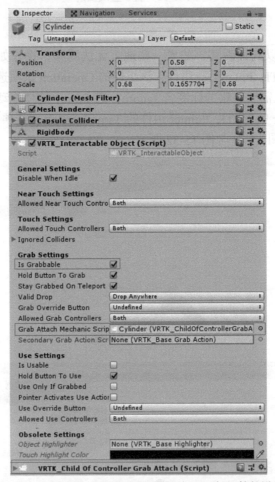

图 15-33　VRTK_Interactable_Object（Script）组件的设置

步骤 3：VRTK_Child Of Controller Grab Attach（Script）组件的 Precision Grab 勾选意味着在任意位置抓取，否则在中心点抓取。

2. 手柄抓取

步骤 1：为 LeftController 或 RightController 添加组件 VRTK_Interact Grab 和 VRTK_Interact Touch 组件，可实现接触和抓取。

步骤 2：VRTK_Interact Grab 组件的 GrabButton 可以选择 TriggerClick 扣动扳机键或 GripClick 握紧侧键等交互方式。运行结果如图 15-34 所示。

图 15-34　接触抓取

3. 实现射线抓取

LeftController 或 RightController 的 VRTK_Pointer（Script）组件中，在 Pointer Interaction Settings 选项区域勾选 Interact With Objects；勾选 Grab To Pointer Tip 则表示物体在射线的端点处，否则在手柄处，如图 15-35 所示。

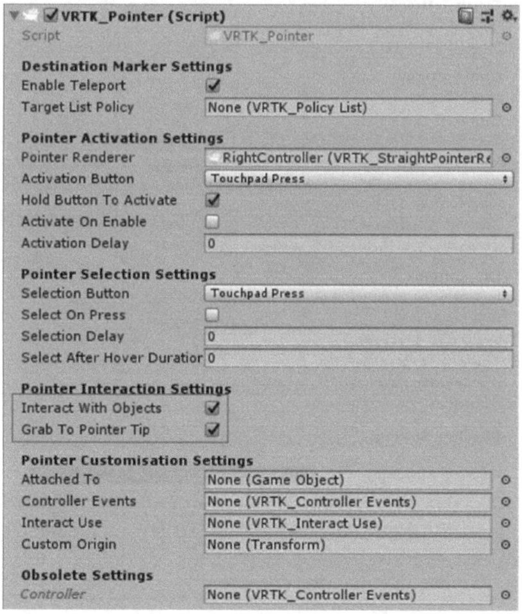

图 15-35　射线抓取中控制手柄的设置

运行结果如图 15-36 所示。

图 15-36　射线抓取

4. 左右手交替手持物体

给被抓取物体增加 VRTK_Swap Controller Grab Action（Script）组件，并将该组件拖至 VRTK_Interactable Object 组件的 Secondary Grab Action Script 内，如图 15-37 所示。

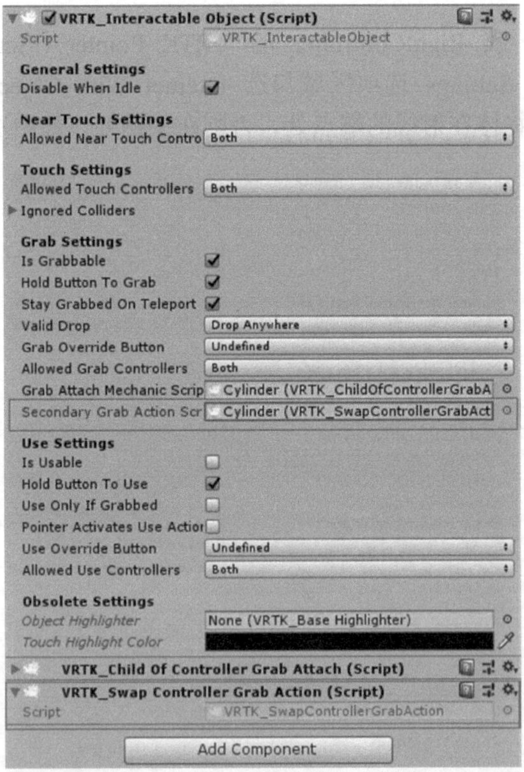

图 15-37　左右手交替手持组件设置

最终场景层次结构如图 15-38 所示。

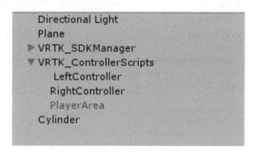

图 15-38　场景层次结构

15.4.5　与 UI 交互

1. 设置 LeftController 和 RightController 对象

为 LeftController 和 RightController 添加 VRTK_UI Pointer（Script）组件，如图 15-39 所示。

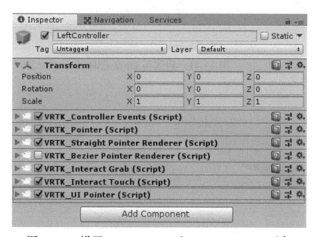

图 15-39　设置 LeftController 和 RightController 对象

2. 为物体添加 Canvas 对象

在"层级"窗口新建 Canvas 对象，在画布下添加 Button 对象，为 Canvas 对象添加 VRTK_UI Canvas（Script）组件，如图 15-40 所示。

以上已经可以实现射线与 UI 进行交互，射线经过并扣动扳机键时，Button 颜色发生改变，如图 15-41 与图 15-42 所示。

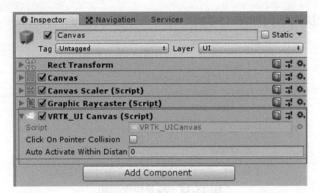

图 15-40　设置 Canvas 对象

图 15-41　射线与 UI 交互前

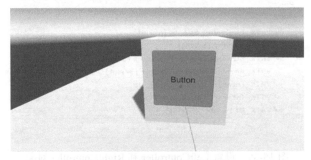

图 15-42　射线与 UI 交互后

本章小结

　　本章是全书的高阶内容，主要有 HTC Vive 设备构成、连接与测试，介绍了在 Unity 中利用 SteamVR 和 VRTK 的开发过程与交互实现。本章需要有较为扎实的 Unity 开发能力，也需要 HTC Vive 硬件的支持。当然没有 HTC Vive 硬件的学习者也可以在个人计算机上利用键盘和鼠标来模拟手柄进行交互操作，具体方法可以在互联网以"Unity 电脑模拟 VR 环境"或者"Unity 开发 VR，没有 VR

设备解决方式"等关键词进行搜索。用计算机模拟 VR 环境进行 VR 开发，作品的交互方式较受限制，因此不太推荐。

思考与实践

思考：

1. 说出 HTC Vive 设备的构成？

2. HTC Vive 的 Lighthouse 技术原理是什么？

实践：

1. 尝试搭建 HTC Vive 的运行硬件和软件环境，确保程序能够正常运行。

2. 尝试利用 Unity 开发一个支持 HTC Vive 的虚拟现实教学软件作品，需使用发射射线、瞬移、抓取、与 UI 交互等交互方式。

附录一　PlayMaker 的事件

事件类型	事件名称	说明
START 事件	START	程序启动后第一个执行的事件
FINISH 事件	FINISH	程序结束时最后一个执行的事件
系统事件	APPLICATION FOCUS	程序运行时
	APPLICATION PAUSE	程序暂停时
	APPLICATION QUIT	程序退出时
	BECAME INVISIBLE	物体不可见时
	BECAME VISIBLE	物体可见时
	COLLISION ENTER	碰撞器进入时
	COLLISION STAY	碰撞器停留期间
	COLLISION EXIT	碰撞器离开时
	FINISHED	本状态已经执行完所有操作
	LEVEL LOADED	关卡载入时
	MOUSE DOWN	鼠标在物体上按下时
	MOUSE DRAG	鼠标在物体上按下然后拖动时
	MOUSE ENTER	鼠标滑入物体时
	MOUSE EXIT	鼠标滑出物体时
	MOUSE OVER	鼠标悬停物体之上时
	MOUSE UP	鼠标在物体上按下并松开时（单击）
	PARTICLE COLLISION	粒子碰到碰撞器时
	TRIGGER ENTER	触发开始时
	TRIGGER STAY	触发保持时
	TRIGGER EXIT	触发结束时
UI 事件	UI BEGIN DRAG	当用户开始拖动 UI 元素时触发
	UIBOOL VALUE CHANGED	当 UI 元素的值发生变化时触发，如复选框

续表

事件类型	事件名称	说明
UI 事件	UCLICK	当用户单击 UI 元素时触发
	UIDRAG	当用户拖动 UI 元素时触发
	UIDROP	当用户在拖放操作中释放 UI 元素时触发
	UEND DRAG	当用户停止拖动 UI 时触发
	UEND EDIT	当用户完成编辑 UI 元素（如输入字段）时触发
	UFLOATVALUE CHANGED	当 UI 元素的浮点值发生变化时触发，例如滑块
	UINT VALUE CHANGED	当元素的整数值发生变化时触发，例如进度条
	UPOINTER CLICK	当用户使用指针设备（如鼠标）单击 UI 元素时触发
	UIPOINTER DOWN	当用户按下指针设备（如鼠标）时触发
	UPOINTER ENTER	当指针设备（如鼠标）进入 UI 元素的区域时触发
	UPOINTER EXIT	当指针设备（如鼠标）离开 UI 元素的域时触
	UIPOINTER UP	当用户释放指针设备（如鼠标）时触发
	UIVECTOR2 VALUE CHANGED	当 UI 元素的二维向量值发生变化时触发，如拖动

附录二　PlayMaker 的动作

类别	动作名称	功能
Animate Variables （动画变量）	Animate Color	动画颜色
	Animate Float	动画浮点值
	Animate Float V2	使用动画曲线对浮点型变量的值进行动画处理
	Animate Rect	动画矩形变量
	Animate Vector3	使用动画曲线对三维向量的值进行动画处理
	Curve Color	曲线颜色变量
	Curve Float	曲线浮点型变量
	Curve Rect	曲线矩形变量
	Curve Vector3	曲线三维向量
	Ease Color	缓动颜色值
	Ease Float	缓动浮点值
	Ease Rect	缓动矩形值
	Ease Vector3	缓动三维向量
Animation（动画）	Add Animation Clip	添加动画剪辑
	Add Mixing Transform	添加混合变换
	Animate Float	动画浮点型变量
	Animation Settings	动画设置
	Blend Animation	混合动画
	Capture Pose As Animation Clip	捕获动画剪辑
	Enable Animation	启用动画
	Play Animation	播放动画
	Remove Mixing Transform	移除混合变换
	Rewind Animation	倒放动画

续表

类别	动作名称	功能
Animation（动画）	Set Animation Speed	设置动画速度
	Set Animation Time	设置动画时间
	Set Animation Weight	设置动画权重
	Stop Animation	停止动画
Animator（动画状态机）	Set Animator Look At	设置朝向的状态
	Set Animator Apply Root Motion	设置根动画模式
	Get Animator Apply Root Motion	判断根动画模式
	Set Animator Culling Mode	设置剔除模式
	Get Animator Culling Mode	获取剔除模式
	Nav Mesh Agent Animator Synchronizer	同步 Nav Mesh Agent 状态
	Get Animator Is Human	判断人形绑定
	Animator Match Target	匹配目标
	Set Animator Target	设置目标匹配位置状态
	Get Animator Target	获取目标状态
	Animator Interrupt Match Target	中断目标自动匹配
	Get Animator Is Matching Target	判断自动匹配激活状态
	Get Animator Bone Game Object	获取骨骼对应的游戏对象
	Get Animator Delta	获取 Avatar 空间变化值
	Get Animator Root	获取根的重心状态
	Get Animator Gravity Weight	获取重力值
	Get Animator Human Scale	获取绑定 Avatar 缩放
	Set Animator IKGoal	设置 IK 状态
	Get Animator IKGoal	获取 IK 状态
	Set Animator Body	设置身体重心目标位置
	Get Animator Body	获取身体重心
	Set Animator Layers Affect Mass Center	设置影响重心的附加层
	Get Animator Layers Affect Mass Center	判断影响重心的附加层
	Get Animator Left Foot Bottom Height	获取左脚高度
	Get Animator Right Foot Bottom Height	获取右脚高度

类别	动作名称	功能
Animator（动画状态机）	Get Animator Pivot	获取轴心点权重和位置
	Set Animator Stabilize Feet	设置脚部自动稳定
	Set Animator Feet Pivot Active	设置脚支点值
	Get Animator Feet Pivot Active	获取脚支点值
	Get Animator Current State Info	获取状态信息
	Get Animator Next State Info	获取下一个状态信息
	Get Animator Current State Info Is Name	判断状态名
	Get Animator Current State Info Is Tag	判断状态标签
	Set Animator Bool	设置状态机布尔值
	Get Animator Bool	获取状态机布尔值
	Set Animator Float	设置状态机浮点值
	Get Animator Float	获取状态机浮点值
	Set Animator Int	设置状态机整型值
	Get Animator Int	获取状态机整型值
	Set Animator Trigger	设置激活的触发器参数
	Animator Cross Fade	生成状态过渡
	Get Animator Current Transition Info	获取过渡信息
	Get Animator Current Transition Info Is Name	判断过渡的名称
	Get Animator Current Transition Info Is User Name	判断过渡的自定义名称
	Get Animator Is Layer In Transition	判断过渡状态
	Get Animator Layer Name	获取层名称
	Get Animator Layer Count	获取状态控制器层数
	Set Animator Layer Weight	设置层权重
	Get Animator Layer Weight	获取层权重
	Animator Play	播放状态动画
	Set Animator Speed	设置播放速度
	Get Animator Speed	获取播放速度
	Animator Start Recording	设置动画录制模式

续表

类别	动作名称	功能
Animator（动画状态机）	Animator Stop Recording	取消动画录制模式
	Animator Start Playback	设置动画回放模式
	Animator Stop Playback	取消动画回放模式
	Set Animator Play Back Speed	设置回放速度
	Get Animator Play Back Speed	获取回放速度
	Set Animator Play Back Time	设置回放位置
	Get Animator Play Back Time	获取回放位置
Application（应用程序）	Application Quit	应用程序退出
	Application Run In Background	在后台运行程序
	Get Screen Height	获取屏幕高度
	Get Screen Width	获取屏幕宽度
	Take Screenshot	获取屏幕快照
Array（数组）	Array Add	添加一个新元素
	Array Add Rang	添加多个新元素
	Array Set	修改数组元素值
	Array Get	获取指定元素
	Array Get Next	获取指定范围的元素
	Array Get Random	随机获取元素
	Array For Each	遍历获取数组所有元素
	Array Contains	查找值
	Array Sort	ASCII 码值排序
	Array Reverse	反转排序
	Array Shuffle	乱序排列
	Array Delete At	删除指定元素
	Array Clear	重置数组元素
	Array Length	数组长度
	Array Resize	更改数组长度
	Array Transfer Value	复制剪切数组元素
Audio（声音）	Audio Mute	音频静音

续表

类别	动作名称	功能
Audio（声音）	Audio Pause	音频暂停
	Audio Play	音频播放
	Audio Stop	音频停止
	Play Random Sound	随机播放声音
	Play Sound	播放声音
	Set Audio Clip	设置音频文件
	Set Audio Loop	设置音频循环
	Set Audio Pitch	设置音频间距
	Set Audio Volume	设置音量大小
	Set Game Volume	设置游戏音量
Camera（摄像机）	Camera Fade In	摄像机淡入
	Camera Fade Out	摄像机淡出
	Cut To Camera	切换摄像机
	Get Main Camera	获取主摄像机
	Screen To World Point	屏幕到世界点
	Set Background Color	设置背景颜色
	Set Camera FOV	设置摄像机视野
	Set Camera Culling Mask	设置摄像机剔除遮罩
	World To Screen Point	世界到屏幕点
Character（角色）	Controller Is Grounded	控制器接触地面
	Controller Move	移动控制器
	Controller Settings	控制器设置
	Controller Simple Move	控制器简单移动
	Get Controller Collision Flags	获取控制器碰撞标记
	Get Controller Hit Info	获取控制器碰撞信息
Color（颜色）	Color Interpolate	颜色插补
	Color Ramp	颜色色标
	Get Color RGBA	获取颜色 RGBA
	Select Random Color	选择随机颜色

续表

类别	动作名称	功能
Color（颜色）	Set Color RGBA	设置颜色 RGBA
	Set Color Value	设置颜色值
Convert（转换）	Convert Bool To Color	转换布尔值到颜色
	Convert Bool To Float	转换布尔值到浮点值
	Convert Bool To Int	转换布尔值到整型值
	Convert Bool To String	转换布尔值到字符串
	Convert Int To Float	转换整型值到浮点值
	Convert Int To String	转换整型值到字符串
	Convert Float To Int	转换浮点值到整型值
	Convert Float To String	转换浮点值到字符串
	Convert String To Int	转换字符串到整型值
	Convert Vector3 To String	转换三维向量到字符串
Debug（调试）	Comment	评述
	Debug Bool	调试布尔值
	Debug Float	调试浮点值
	Debug Game Object	调试游戏对象
	Debug Vector3	调试三维向量
	Debug Int	调试整型值
	Debug Log	调试日志
	Draw Debug Line	绘制调试线
	Draw Debug Ray	绘制调试射线
	Draw State Label	绘制节点标签
	Missing Action	缺失功能
Device（设备）	Device Orientation Event	设备方向定位事件
	Device Shake Event	设备抖动事件
	Device Vibrate	设备震动
	Get Device Acceleration	获取设备加速
	Get Device Roll	获取设备摇晃
	Get iPhone Settings	获取 iPhone 设置

续表

类别	动作名称	功能
Device（设备）	Get Location Info	获取位置信息
	Get Touch Count	获取触摸次数
	Get Touch Info	获取触摸信息
	Project Location To Map	映射位置到平面
	Start Location Service Updates	开始位置服务更新
	Stop Location Service Updates	停止位置服务更新
	Swipe Gesture Event	滑动手势事件
	Touch Event	触摸事件
	Touch GUI Event	触摸界面事件
	Touch Object Event	触摸对象事件
Effects（特效）	Blink	闪烁
	Flicker	闪动
	Scale Time	缩放时间
Game Object（游戏对象）	Activate Game Object	设置对象状态
	Add Component	添加组件
	Create Object	场景对象
	Destroy Component	销毁组件
	Destroy Object	销毁对象
	Destroy Self	销毁状态机所有者对象
	Detach Children	分离子集
	Find Child	查找子对象
	Find Closest	查找最近的
	Find Game Object	查找游戏对象
	Get Child	获取子对象
	Get Child Count	获取子对象数
	Get Child Num	获取子对象编号
	Get Distance	获取距离
	Get Layer	获取图层
	Get Name	获取名称

续表

类别	动作名称	功能
Game Object（游戏对象）	Get Next Child	获取下一子对象
	Get Owner	获取所有者
	Get Parent	获取父级
	Get Random Child	获取随机子对象
	Get Random Object	获取随机对象
	Get Root	获取根
	Get Tag	获取标签
	Get Tag Count	获取标签数
	Has Component	拥有组件
	Select Random Game Object	选择随机游戏对象
	Set Game Object	设置游戏对象
	Set Layer	设置图层
	Set Name	设置名称
	Set Parent	设置父级
	Set Tag	设置标签
GUI（图形用户界面）	Draw Fullscreen Color	绘制全屏颜色
	Draw Texture	绘制图形
	Enable GUI	启用界面
	GUI Box	界面框
	GUI Button	界面按钮
	GUI Horizontal Slider	界面水平滑块
	GUI Label	界面标签
	GUI Tooltip	界面工具提示
	GUI Vertical Slider	界面垂直滑块
	Rotate GUI	旋转界面
	Scale GUI	缩放界面
	Set GUI Alpha	设置界面透明度（Alpha）
	Set GUI Background Color	设置界面背景色
	Set GUI Color	设置界面颜色

续表

类别	动作名称	功能
GUI（图形用户界面）	Set GUI Content Color	设置界面内容颜色
	Set GUI Depth	设置界面排序深度
	Set GUI Skin	设置界面皮肤
	Set Mouse Cursor	设置鼠标光标
GUILayout（界面布局）	GUILayout Begin Area	开始区域
	GUILayout Begin Area Follow Object	开始区域跟随对象
	GUILayout Begin Centered	开始居中
	GUILayout Begin Horizontal	开始水平
	GUILayout Begin Vertical	开始垂直
	GUILayout Box	框
	GUILayout Button	按钮
	GUILayout End Area	结束区域
	GUILayout End Centered	结束居中
	GUILayout End Horizontal	结束水平
	GUILayout End Vertical	结束垂直
	GUILayout Float Field	输入浮点数的字段
	GUILayout Float Label	显示浮点数的文本标签
	GUILayout Flexible Space	灵活"空白"
	GUILayout Horizontal Slider	水平滑块
	GUILayout Int Field	整数区域
	GUILayout Int Label	整数标签
	GUILayout Label	标签
	GUILayout Repeat Button	重复按钮
	GUILayout Space	空白
	GUILayout Text Field	文本区域
	GUILayout Text Label	文本标签
	GUILayout Toggle	开关
	GUILayout Toolbar	工具栏
	GUILayout Vertical Slider	垂直滑块

续表

类别	动作名称	功能
GUILayout（界面布局）	Use GUILayout	使用布局
GUI Element（界面元素）	Set GUIText	设置界面文本
	Set GUITexture	设置界面图案
	Set GUITexture Alpha	设置界面图案的透明度（Alpha）
	Set GUITexture Color	设置界面图案的颜色
	GUIElement Hit Test	界面元素点击测试
Input（输入）	Any Key	任何按键触发
	Axis Event	轴事件
	Get Axis	获取轴
	Get Axis Vector	获取轴向量
	Get Button	获取按钮
	Get Button Down	获取按钮按下
	Get Button Up	获取按钮松开
	Get Key	获取按键状态
	Get Key Down	按键按下
	Get Key Up	按键释放
	Get Mouse Button	获取鼠标按键
	Get Mouse Button Down	获取鼠标按下
	Get Mouse Button Up	获取鼠标释放
	Get Mouse X	获取鼠标水平位置
	Get Mouse Y	获取鼠标垂直位置
	Mouse Look	鼠标查看
	Mouse Pick	鼠标选取
	Mouse Pick Event	鼠标拾取事件
	Reset Input Axes	复位输入轴
	Screen Pick	屏幕拾取
iTween（缓动动画）	iTween Look From	iTween 从……看
	iTween Look To	iTween 看向
	iTween Look Update	iTween 朝向

续表

类别	动作名称	功能
iTween（缓动动画）	iTween Move Add	iTween 移动添加
	iTween Move By	iTween 按……移动
	iTween Move From	iTween 从……移动
	iTween Move To	iTween 移动到
	iTween Move Update	iTween 移动更新
	iTween Pause	iTween 暂停
	iTween Punch Position	iTween 效力位置
	iTween Punch Rotation	iTween 效力旋转
	iTween Punch Scale	iTween 效力尺度
	iTween Resume	iTween 恢复
	iTween Rotate Add	iTween 旋转添加
	iTween Rotate By	iTween 按……旋转
	iTween Rotate From	iTween 从……旋转
	iTween Rotate To	iTween 旋转到
	iTween Rotate Update	iTween 旋转更新
	iTween Scale Add	iTween 缩放添加
	iTween Scale By	iTween 按……缩放
	iTween Scale From	iTween 从……缩放
	iTween Scale To	iTween 缩放到
	iTween Scale Update	iTween 缩放更新
	iTween Shake Position	iTween 抖动位置
	iTween Shake Rotation	iTween 抖动旋转
	iTween Shake Scale	iTween 抖动尺度
	iTween Stop	iTween 停止
Level（关卡）	Dont Destroy On Load	载入时不销毁
	Load Level	载入关卡
	Load Level Num	载入关卡编号
Lights（灯光）	Set Light Color	设置灯光颜色
	Set Light Cookie	设置灯光投射图案

续表

类别	动作名称	功能
Lights（灯光）	Set Light Flare	设置灯光耀斑
	Set Light Intensity	设置灯光强度
	Set Light Range	设置灯光范围
	Set Light Spot Angle	设置灯光照射角度
	Set Light Type	设置灯光类型
	Set Shadow Strength	设置阴影强度
Logic（逻辑运算）	Bool All True	所有布尔值为"真"
	Bool Any True	任意布尔值为"真"
	Bool Changed	布尔值改变
	Bool None True	布尔值无"真"
	Bool Test	布尔值检测
	Float Changed	浮点值改变
	Float Compare	浮点值比较
	Float Sign Test	浮点值标志检测
	Float Switch	浮点值切换
	Fsm State Switch	Fsm 节点切换
	Fsm State Test	Fsm 节点检测
	Game Object Changed	游戏对象改变
	Game Object Compare	游戏对象比较
	Game Object Compare Tag	游戏对象比较标签
	Game Object Has Children	游戏对象具有子集
	Game Object Is Child Of	游戏对象是……子集
	Game Object Is Null	游戏对象空值
	Game Object Is Visible	游戏对象可见性
	Game Object Tag Switch	游戏对象标签切换
	Int Changed	整型值改变判断
	Int Compare	整型值比较
	Int Switch	整型值分支
	Object Compare	对象比较

续表

类别	动作名称	功能
Logic（逻辑运算）	String Changed	字符串值改变
	String Compare	字符串值比较
	String Contains	字符串值包含
	String Switch	字符串值切换
Material（材料）	Get Material	获取材质
	Get Material Texture	获取材质贴图
	Set Material	设置材质
	Set Material Color	设置材质颜色
	Set Material Float	设置材质浮点值
	Set Material Movie Texture	设置材质影片纹理
	Set Material Texture	设置材质纹理
	Set Random Material	设置随机材质
	Set Texture Offset	设置纹理偏移
	Set Texture Scale	设置纹理缩放
	Set Visibility	设置可见性
Math（数学运算）	Bool Flip	布尔值翻转
	Bool Operator	布尔值运算
	Float Abs	浮点值绝对值
	Float Add	浮点值增加
	Float Clamp	浮点值限制
	Float Divide	浮点值相除
	Float Interpolate	浮点值插补
	Float Multiply	浮点值相乘
	Float Operator	浮点值运算
	Float Subtract	浮点值相减
	Int Add	整型值增值
	Int Clamp	整型值限制取值范围
	Int Operator	整型值运算
	Random Bool	随机布尔值

续表

类别	动作名称	功能
Math（数学运算）	Random Float	随机浮点值
	Random Int	随机赋值
	Sample Curve	采样曲线
	Set Bool Value	布尔值赋值
	Set Float Value	浮点值赋值
	Set Int Value	整型值赋值
Mesh（网格）	Get Vertex Count	获取顶点数
	Get Vertex Position	获取顶点位置
Movie（影片）	Movie Texture Audio Settings	影片纹理音频设置
	Play Movie Texture	播放影片纹理
	Pause Movie Texture	暂停影片纹理
	Stop Movie Texture	停止影片纹理
Physics（物理效果）	Add Explosion Force	添加爆炸作用力
	Add Force	为 3D 游戏对象添加一个力
	Add Torque	为 3D 游戏对象添加一个扭转力
	Collision Event	碰撞事件
	Explosion	爆炸
	Get Collision Info	获取碰撞信息
	Get Controller Hit Info	获取控制器触碰信息
	Get Mass	获取质量
	Get Raycast Hit Info	获取射线发射触碰信息
	Get Speed	获取速度
	Get Trigger Info	获取触发信息
	Get Velocity	获取速率
	Is Kinematic	是否运动
	Is Sleeping	是否睡眠
	Raycast	射线发射
	Set Gravity	设置重力
	Set Is Kinematic	设置是否运动

续表

类别	动作名称	功能
Physics（物理效果）	Set Mass	设置质量
	Set Velocity	设置速度
	Sleep	休眠
	Trigger Event	触发事件
	Use Gravity	使用重力
	Wake All Rigid Bodies	唤醒所有刚体
	Wake Up	唤醒
Physics 2D（2D 物理引擎）	Set Gravity 2d	设置重力
	Set Gravity 2d Scale	设置重力比例
	Set Is Kinematic 2d	设置支持动力学
	Set Mass 2d	设置质量
	Set Velocity 2d	设置速度
	Get Mass 2d	获取刚体质量
	Get Velocity 2d	获取刚体速度与轴
	Get Speed 2d	获取刚体速度
	Is Fixed Angle 2d	判断固定角度
	Is Kinematic 2d	判断支持动力学
	Sleep 2d	设置休眠
	Is Sleeping 2d	判断休眠
	Wake All Rigid Bodies 2d	唤醒所有刚体
	Wake Up 2d	唤醒刚体
	Set Hinge Joint 2d Properties	设置铰链关节
	Set Wheel Joint 2d Properties	设置车轮接头
	Get Joint Break 2d Info	获取关节断裂
	Add Force 2d	2D 游戏对象上添加一个力
	Add Torque 2d	2D 游戏对象上添加一个扭转力
	Add Relative Force 2d	添加相对作用力
	Collision2D Event	碰撞事件
	Get Collision2D Info	获取碰撞信息

续表

类别	动作名称	功能
Physics 2D（2D 物理引擎）	Set Collider 2d Is Trigger	设置触发器
	Get Trigger2D Info	获取触发器信息
	Trigger2D Event	触发器事件
	Ray Cast 2d	光线投射
	Get Ray Cast Hit 2d Info	获取光线投射碰撞信息
	Line Cast 2d	线段投射
	Get Next Ray Cast 2d	迭代光线投射
	Get Next Line Cast 2d	迭代线段投射
	Get Next Overlap Point 2d	迭代重叠点
	Get Next Overlap Area 2d	迭代矩形重叠区域
	Get Next Overlap Circle 2d	迭代圆形重叠区域
PlayerPrefs（用户设置）	PlayerPrefs Delete All	删除所有用户设置
	PlayerPrefs Delete Key	删除按键
	PlayerPrefs Get Float	获取浮点值
	PlayerPrefs Get Int	获取整型值
	PlayerPrefs Get String	获取字符串值
	PlayerPrefs Has Key	拥有的按键
	PlayerPrefs Set Float	设置浮点值
	PlayerPrefs Set Int	设置整型值
	PlayerPrefs Set String	设置字符串值
Quaternion（四元数）	Get Quaternion From Rotation	方向旋转生成四元数
	Quaternion Angle Axis	基于轴旋转角度生成四元数
	Quaternion Look Rotation	朝向转化为四元数
	Get Quaternion Euler Angles	四元数转化欧拉角
	Quaternion Euler	欧拉角转化为四元数
	Quaternion Lerp	线性插值
	Quaternion Slerp	球状插值
	Quaternion Rotate Towards	限定球状插值
	Get Quaternion Multiplied By Quaternion	四元数乘法

续表

类别	动作名称	功能
Quaternion（四元数）	Get Quaternion Multiplied By Vector	四元数和矢量乘法
	Quaternion Compare	比较四元数
	Quaternion Inverse	反转四元数
	Quaternion Low Pass Filter	低通过滤
Rect（矩形）	Get Rect Fields	获取矩形字段
	Rect Contains	矩形包含
	Set Rect Fields	设置矩形字段
	Set Rect Value	设置矩形值
Rect Transform（矩形变换）	Rect Transform Set Anchor Max	设置锚点最大值
	Rect Transform Get Anchor Max	获取锚点最大值
	Rect Transform Set Anchor Min	设置锚点最小值
	Rect Transform Get Anchor Min	获取锚点最小值
	Rect Transform Set Anchor Min And Max	设置锚点最大值和最小值
	Rect Transform Get Anchor Min And Max	获取锚点最大值和最小值
	Rect Transform Set Anchor Rect Position	设置相对父级对象的子级对象锚点位置
	Rect Transform Set Pivot	设置中心点位置
	Rect Transform Get Pivot	获取中心点位置
	Rect Transform Set Anchored Position	设置相对锚点位置
	Rect Transform Get Anchored Position	获取相对锚点位置
	Rect Transform Set Local Position	设置本地位置
	Rect Transform Get Local Position	获取本地位置
	Rect Transform Set Local Rotation	设置本地旋转角度
	Rect Transform Get Local Rotation	获取本地旋转角度
	Rect Transform Set Size Delta	设置相对尺寸
	Rect Transform Get Size Delta	获取相对尺寸
	Rect Transform Set Offset Max	设置相对锚点最大偏移距离
	Rect Transform Get Offset Max	获取相对锚点最大偏移距离
	Rect Transform Set Offset Min	设置相对锚点最小偏移距离

续表

类别	动作名称	功能
Rect Transform（矩形变换）	Rect Transform Get Offset Min	获取相对锚点最小偏移距离
	Rect Transform Screen Point To Local Point In Rectangle	屏幕位置转化为本地位置
	Rect Transform Screen Point To World Point In Rectangle	屏幕位置转化为世界位置
	Rect Transform World To Screen Point	世界坐标转化屏幕坐标
	Rect Transform Pixel Adjust Point	空间位置转化为像素位置
	Rect Transform Pixel Adjust Rect	获取矩形像素位置
	Rect Transform Get Rect	获取矩形对象
	Rect Transform Contains Screen Point	点包含判断
	Rect Transform Flip Layout Axis	镜像反转
RenderSettings（渲染设置）	Enable Fog	启用雾
	Set Ambient Light	设置环境光
	Set Flare Strength	设置耀斑强度
	Set Fog Color	设置雾色
	Set Fog Density	设置雾密度
	Set Halo Strength	设置光晕强度
	Set Sky Box	设置天空盒
Scene（场景）	Create Scene	创建一个空场景
	Load Scene	加载场景
	Load Scene Asynch	异步加载场景
	Send Scene Loaded Event	发送场景加载事件
	Get Scene Loaded Event Data	获取场景加载事件数据
	Set Active Scene	激活场景
	Allow Scene Activation	允许场景激活
	Unload Scene Asynch	异步卸载场景
	Send Scene Unloaded Event	发送场景卸载事件
	Get Scene Unloaded Event Data	获取场景卸载事件数据
	Merge Scenes	合并场景
	Move Game Object To Scene	迁移游戏对象到场景

类别	动作名称	功能
Scene（场景）	Send Active Scene Changed Event	发送场景改变事件
	Get Scene Activate Changed Event Data	获取场景改变事件数据
	Get Scene Properties	获取场景属性
	Get Scene Build Index	获取场景构建索引
	Get Scene Count	获取已加载场景数量
	Get Scene Count In Build Settings	获取生成设置中场景数量
	Get Scene Is Dirty	获取已修改的场景
	Get Scene Is Loaded	判断场景是否被加载
	Get Scene Is Valid	判断场景是否可用
	Get Scene Name	获取场景名称
	Get Scene Path	获取场景路径
	Root Count Get Scene Root Count	获取场景根目录游戏对象个数
	Get Scene Root Game Objects	获取场景根游戏对象
ScriptControl（脚本控制）	Add Script	添加脚本
	Call Method	调用方法
	Call Static Method	调用静态方法
	Enable Behaviour	启用行为
	Invoke Method	调用内容
	Send Message	发送信息
	Start Coroutine	开始协同程序
StateMachine（状态机）	Enable Fsm	启用 Fsm
	Get Event Info	获取事件信息
	Get Fsm Bool	获取 Fsm 布尔
	Get Fsm Color	获取 Fsm 颜色
	Get Fsm Float	获取 Fsm 浮点值
	Get Fsm Game Object	获取 Fsm 游戏对象
	Get Fsm Int	获取 Fsm 整型值
	Get Fsm Material	获取 Fsm 材质
	Get Fsm Object	获取 Fsm 对象

续表

类别	动作名称	功能
StateMachine（状态机）	Get Fsm Quaternion	获取 Fsm 四元数
	Get Fsm Rect	获取 Fsm 矩形
	Get Fsm State	获取 Fsm 节点
	Get Fsm String	获取 Fsm 字符串值
	Get Fsm Texture	获取 Fsm 纹理
	Get Fsm Vector3	获取 Fsm 三维向量
	Get Last Event	获取最近事件
	Get Previous State Name	获取之前节点名称
	Goto Previous State	跳转到之前节点
	Next Frame Event	下一帧事件
	Random Event	随机事件
	Send Event	发送事件
	Send Event By Name	按名称发送事件
	Send Random Event	发送随机事件
	Sequence Event	顺序事件
	Set Event Data	设置事件数据
	Set Event Target	设置事件目标
	Set Fsm Bool	设置 Fsm 布尔值
	Set Fsm Color	设置 Fsm 颜色
	Set Fsm Float	设置 Fsm 浮点值
	Set Fsm Game Object	设置 Fsm 游戏对象
	Set Fsm Int	设置 Fsm 整型值
	Set Fsm Material	设置 Fsm 材质
	Set Fsm Object	设置 Fsm 对象
	Set Fsm Quaternion	设置 Fsm 四元数
	Set Fsm Rect	设置 Fsm 矩形
	Set Fsm String	设置 Fsm 字符串值
	Set Fsm Texture	设置 Fsm 纹理
	Set Fsm Vector3	设置 Fsm 三维向量

续表

类别	动作名称	功能
Substance（物质）	Rebuild Textures	重构建纹理
	Set Procedural Boolean	设置程序布尔值
	Set Procedural Color	设置程序颜色
	Set Procedural Float	设置程序浮点值
String（字符串）	Build String	构建字符串值
	Get String Left	获取字符串左侧
	Get String Length	获取字符串长度
	Get String Right	获取字符串右侧
	Get Substring	获取子字符串值
	Select Random String	选择随机字符串值
	Set String Value	设置字符串值
	String Replace	字符串替换
Time（时间）	Get System Date Time	获取系统日期和时间
	Get Time Info	获取游戏时间
	Per Second	每秒
	Scale Time	时间缩放
	Wait	特定等待时间
	Random Wait	随机时间等待
Transform（变换）	Get Angle To Target	获取目标角度
	Get Position	获取位置
	Get Rotation	获取旋转角度
	Get Scale	获取缩放比例
	Inverse Transform Direction	反向变换方向
	Inverse Transform Point	反向变换点
	Look At	看向
	Move Towards	朝向移动
	Rotate	原地旋转
	Set Position	设定位置
	Set Random Rotation	设置随机旋转

续表

类别	动作名称	功能
Transform（变换）	Set Rotation	设定旋转角度
	Set Scale	设定缩放
	Smooth Look At	朝向旋转
	Smooth Look At Direction	匀速旋转
	Transform Direction	方向变换
	Transform Point	指向转换
	Translate	匀速运动
Trigonometry（三角函数/反三角函数）	Get ASine	获取反正弦值
	Get ACosine	获取反余弦值
	Get Atan	获取反正切值
	Get Atan 2	基于 X/Y 获取反正切值
	Get Atan 2 From Vector2	基于二维向量获取反正切值
	Get Atan 2 From Vector3	基三维向量获取反正切值
	Get Sine	获取正弦值
	Get Cosine	获取余弦值
	Get Tan	获取正切值
UI（用户界面）	UI Set Selected Game Object	设置被选中的对象
	UI Get Selected Game Object	获取被选中的游戏对象
	UI Rebuild	重建 UI 图形组件
	UI Event System Current Ray Cast All	射线检测 UI 界面的所有对象
	UI On Begin Drag Event	拖动开始事件
	UI On Cancel Event	取消事件
	UI On Deselect Event	取消选择事件
	UI On Initialize Potential Drag Event	拖动初始化事件
	UI On End Drag Event	拖动结束事件
	UI On Drag Event	拖动事件
	UI On Drop Event	拖动释放事件
	UI On Move Event	移动事件
	UI On Scroll Event	滚动事件

续表

类别	动作名称	功能
UI（用户界面）	UI On Select Event	选择事件
	UI On Submit Event	提交事件
	UI On Update Selected Event	选中更新事件
	UI Event System Execute Event	基于对象触发事件
	UI Canvas Group Set Alpha	设置 Canvas Group 透明度
	UI Canvas Group Set Properties	设置 Canvas Group 属性
	UI Canvas Scaler Set Scale Factor	设置 Canvas Scaler 缩放比例
	UI Canvas Scaler Get Scale Factor	获取 Canvas Scaler 缩放比例
	UI Canvas Force Update Canvases	强制更新画布
	UI Canvas Enable Raycast	启用/禁止画布的光线碰撞检测
	UI Text Set Text	设置 Text 对象的文本内容
	UI Text Get Text	获取 Text 对象文本
	UI Graphic Cross Fade Alpha	UI 界面淡入动画效果
	UI Graphic Cross Fade Color	设置画布渲染器透明动画
	UI Graphic Set Color	设置图形元素颜色
	UI Graphic Get Color	获取图形元素颜色
	UI Image Set Fill Amount	设置填充量
	UI Image Get Fill Amount	获取填充量
	UI Image Set Sprite	设置图片的 Sprite 源文件
	UI Image Get Sprite	获取图片的 Sprite 源文件
	UI Raw Image Set Texture	设置 Raw Image 纹理
	UI Layout Element Set Values	设置 UI 布局元素属性
	UI Layout Element Get Values	获取布局属性
	UI Set Is Interactable	设置可交互性
	UI Get Is Interactable	判断可交互性
	UI Transition Set Type	设置选择可视响应方式
	UI Transition Get Type	获取可视响应方式
	UI Set Color Block	设置选择元素的颜色属性
	UI Get Color Block	获取选择元素的颜色属性

续表

类别	动作名称	功能
UI（用户界面）	UI Set Animation Triggers	设置动画属性
	UI Navigation Set Mode	设置导航模式
	UI Navigation Get Mode	获取导航模式
	UI Navigation Explicit Set Properties	设置 Explicit 导航模式属性
	UI Navigation Explicit Get Properties	获取 Explicit 导航模式属性
	UI Button Array	设置多个按钮的点击事件
	UI Button On Click Event	设置单个按钮的点击事件
	DropDown	下拉列表
	UI Drop Down Add Options	添加选项
	UI Drop Down Clear Options	清除选项
	UI Drop Down Set Value	设置选择项
	UI Drop Down Get Selected Data	获取选择项
	UI Input Field Activate	设置文本框为激活状态
	UI Input Field Deactivate	设置文本框为非激活状态
	UI Input Field Set Caret Blink Rate	设置光标闪烁频率
	UI Input Field Get Caret Blink Rate	获取光标闪烁频率
	UI Input Field Set Character Limit	设置输入限制条件
	UI Input Field Get Character Limit	获取输入限制条件
	UI Input Field Set Hide Mobile Input	设置移动设备输入键盘隐藏
	UI Input Field Get Hide Mobile Input	判断是否隐藏移动设备的输入
	UI Input Field Get Is Focused	判断是否获取焦点
	UI Input Field Set Place Holder	设置占位符提示信息
	UI Input Field Get Place Holder	获取占位符提示信息
	UI Input Field Set Selection Color	设置选中文本的颜色
	UI Input Field Get Selection Color	获取选中文本的颜色
	UI Input Field Set Text	设置文本值
	UI Input Field Get Text	获取文本值
	UI Input Field Get Text As Float	获取浮点值
	UI Input Field Get Text As Int	获取整型值

续表

类别	动作名称	功能
UI（用户界面）	UI Input Field Set Asterix Char	设置星号字符
	UI Input Field Get Was Canceled	判断取消状态
	UI Input Field Move Caret To Text Start	光标移动到开始处
	UI Input Field Move Caret To Text End	光标移动到结尾处
	UI Input Field On End Edit Event	编辑结束事件
	UI Input Field On Submit Event	提交事件
	UI Input Field On Value Change Event	值修改事件
	UI Scrollbar Set Value	设置滚动条位置
	UI Scrollbar Get Value	获取滚动条位置
	UI Scrollbar Set Direction	设置滚动条方向
	UI Scrollbar Get Direction	获取滚动条方向
	UI Scrollbar Set Size	设置滚动条的尺寸
	UI Scrollbar Set Number Of Steps	设置明确滚动值
	UI Scrollbar On Value Changed	设置滚动事件
	UI Scroll Rect Set Horizontal	设置是否启用滚轮控制水平方向滚动条
	UI Scroll Rect Set Vertical	设置是否启用滚轮控制垂直方向滚动条
	UI Scroll Rect Set Normalized Position	设置 Scroll Rect 归一化值
	UI Slider Set Direction	设置滑块方向
	UI Slider Get Direction	获取滑块方向
	UI Slider Set Min Max	设置滑块极值
	UI Slider Get Min Max	获取滑块极值
	UI Slider Set Value	设置滑块值
	UI Slider Get Value	获取滑块值
	UI Slider Set Normalized Value	设置滑动条归一化值
	UI Slider Get Normalized Value	获取滑动条归一化值
	UI Slider Set Whole Numbers	设置滑块以整型值变化
	UI Slider Get Whole Numbers	判断滑块是否以整型值变化
	UI Slider On Value Changed Event	设置滑块值事件
	UI Toggle Set Is On	切换开关状态

续表

类别	动作名称	功能
UI（用户界面）	UI Toggle Get Is On	判断开关按钮状态
	UI Toggle On Value Changed Event	开关按钮改变事件
	UI Is Pointer Over UI Object	判断指针是否在 UI 对象
	UI On Pointer Click Event	鼠标单击事件
	UI On Pointer Down Event	鼠标按下事件
	UI On Pointer Enter Event	鼠标进入事件
	UI On Pointer Exit Event	鼠标退出事件
	UI On Pointer Up Event	鼠标释放事件
	UI Get Last Pointer Event Data Input Button	获取鼠标事件按钮
	UI Get Last Pointer Data Info	获取鼠标事件数据
UnityObject Unity（对象）	Get Component	获取组件
	Get Property	获取属性
	Set Property	设置属性
	Set Object Value	设置对象值
Vector2（二维向量）	Set Vector2 Value	二维向量赋值
	Set Vector2 XY	设置二维向量的 X/Y 值
	Get Vector2 Length	获取二维向量长度
	Get Vector2 XY	获取二维向量的 X/Y 值
	Select Random Vector2	随机选取二维向量的值
	Vector2 Add	二维向量加法
	Vector2 Add XY	二维向量 X/Y 向量相加
	Vector2 Subtract	二维向量减法
	Vector2 Multiply	二维向量倍乘
	Vector2 Invert	二维向量反转
	Vector2 Normalize	二维向量标准化
	Vector2 Lerp	二维向量线性插值
	Vector2 Interpolate	二维向量时间插值
	Vector2 High Pass Filter	对二维向量的变量进行高通滤波
	Vector2 Low Pass Filter	对二维向量的变量进行低通滤波

续表

类别	动作名称	功能
Vector2（二维向量）	Vector2 Move Towards	二维向量移动
	Vector2 Rotate Towards	二维向量旋转
	Vector2 Operator	二维向量运算
	Vector2 Per Second	每秒的二维向量
Vector3（三维向量）	Get Vector3 XYZ	获取三维向量的 XYZ
	Select Random Vector3	随机选取三维向量的值
	Set Vector3 Value	设置三维向量的值
	Set Vector3 XYZ	设置三维向量 XYZ
	Vector3 Add	三维向量添加
	Vector3 Add XYZ	三维向量添加 XYZ
	Vector3 Clamp Magnitude	三维向量固定强度
	Vector3 High Pass Filter	三维向量高通滤波器
	Vector3 Interpolate	三维向量插补
	Vector3 Invert	三维向量反向
	Vector3 Lerp	三维向量线性插补
	Vector3 Low Pass Filter	三维向量低通滤波器
	Vector3 Multiply	三维向量倍乘
	Vector3 Normalize	三维向量标准化
	Vector3 Operator	三维向量运算
	Vector3 Per Second	每秒的三维向量
	Vector3 Rotate Towards	三维向量旋转方向
	Vector3 Subtract	三维向量减
WebPlayer（网络播放）	WWW Object	WWW 对象
	Video Clip Get Audio Track Count	获取视频剪辑中音轨的数量
	Video Clip Get Frame Count	获取视频剪辑中帧的数量
	Video Clip Get Frame Rate	获取视频剪辑的帧速率
	Video Clip Get Length	获取视频剪辑的长度（以秒为单位）
	Video Clip Get Original Path	获取视频剪辑的原始路径
	Video Clip Get Size	获取视频剪辑的大小

续表

类别	动作名称	功能
WebPlayer（网络播放）	Video Player Error Event	当视频播放器遇到错误时触发的事件
	Video Player Frame Dropped Event	当视频播放器丢帧时触发的事件
	Video Player Frame Ready Event	当视频播放器准备好下一帧时触发的
	Video Player Get Aspect Ratio	获取视频播放器的宽高比
	Video Player Get Audio Output Mode	获取视频播放器的音频输出模式
	Video Player Get Audio Track Count	获取视频播放器中音轨的数量
	Video Player Get Can Set Direct Audio Volume	获取视频播放器是否可以直接设置音量
	Video Player Get Can Set Playback Speed	获取视频播放器是否可以设置播放速度
	Video Player Get Can Set Time	获取视频播放器是否可以设置播放时间
	Video Player Get Can Set Time Source	获取视频播放器是否可以设置时间源
	Video Player Get Can Skip On Drop	获取视频播放器是否可以在丢帧时跳过
	Video Player Get Can Step	获取视频播放器是否可以单步播放
	Video Player Get Controlled Audio Track Max Count	获取视频播放器控制的音轨的最大数量
	Video Player Get Current Frame Index	获取视频播放器当前帧的索引
	Video Player Get Frame Count	获取视频播放器中帧的数量
	Video Player Get Frame Rate	获取视频播放器的帧速率
	Video Player Get Is Looping	获取视频播放器是否循环播放
	Video Player Get Is Playing	获取视频播放器是否正在播放
	Video Player Get Is Prepared	获取视频播放器是否已准备好播放
	Video Player Get Play On Awake	获取视频播放器是否在启动时自动播放
	Video Player Get Playback Speed	获取视频播放器的播放速度
	Video Player Get Render Mode	获取视频播放器的渲染模式
	Video Player Get Send Frame Ready Events	获取视频播放器是否发送帧准备好事件
	Video Player Get Skip On Drop	获取视频播放器是否在丢帧时跳过
	Video Player Get Source	获取视频播放器的视频源
	Video Player Get Target Camera	获取视频播放器的目标摄像机
	Video Player Get Target Camera Alpha	获取视频播放器的目标摄像机透明度

续表

类别	动作名称	功能
WebPlayer（网络播放）	Video Player Get Target Material Property	获取视频播放器的目标材质属性
	Video Player Get Texture	获取视频播放器的纹理
	Video Player Get Time	获取视频播放器的当前播放时间
	Video Player Get Time Source	获取视频播放器的时间源
	Video Get URL	获取视频播放器的视频 URL
	Video Player Get Video Clip	获取视频播放器的视频剪辑
	Video Player Get Wait For First Frame	获取视频播放器是否等第一帧
	Video Player Loop Point Reached Event	当视频播放器到达循环点时触发的事件
	Video Player Pause	暂停视频播放器
	Video Player Play	播放视频播放器
	Video Player Prepare	准备视频播放器
	Video Player Prepared Completed Event	当视频播放器准备完成时触发的事件
	Video Player Seek Completed Event	当视频播放器完成跳转时触发的事件
	Video Player Set Aspect Ratio	设置视频播放器的宽比
	Video Player Set Audio Output Mode	设置视频播放器的音频输出模式
	Video Player Set Play On Awake	设置视频播放器是否在启动时自动播放
	Video Player Set Playback Speed	设置视频播放器的播放速度
	Video Player Set Render Mode	设置视频播放器的渲染模式
	Video Player Set Send Frame Ready Events	设置视频播放器是否发送帧准备好事件
	Video Player Set Skip On Drop	设置视频播放器是否在丢帧时跳过
	Video Player Set Source	设置视频播放器的视频源
	Video Player Set Target Camera	设置视频播放器的目标摄像机
	Video Player Set Target Camera Alpha	设置视频播放器的目标摄像机透明度
	Video Player Set Target Material Property	设置视频播放器的目标材质属性
	Video Player Set Target Texture	设置视频播放器目标纹理